AF318897

UNIVERSITÉ DE PARIS. FACULTÉ DE DROIT

ÉTUDE

SUR LES

WARRANTS AGRICOLES

D'APRÈS LA LOI DU 18 JUILLET 1898

THÈSE POUR LE DOCTORAT

Présentée et soutenue le mardi 22 mai 1900 à 2 heures 1/2

Par Jean GODEMEL

Avocat à la Cour d'Appel.

Président : M. SALEILLES *professeur.*

Assesseurs } MM. SOUCHON / COLIN { *professeurs*

Le Candidat répondra, en outre, aux questions qui lui seront posées
sur les autres matières de l'enseignement

PARIS

JOUVE ET BOYER

IMPRIMEURS
15, rue Racine, 15

1900

THÈSE

POUR

LE DOCTORAT

ÉTUDE

SUR LES

WARRANTS AGRICOLES

D'APRÈS LA LOI DU 18 JUILLET 1898

THÈSE POUR LE DOCTORAT

Présentée et soutenue le mardi 22 mai 1900 à 2 heures 1/2

Par Jean GODEMEL

Avocat à la Cour d'Appel.

Président : M. SALEILLES *professeur.*

Assesseurs } MM. SOUCHON / COLIN { *professeurs*

Le Candidat répondra, en outre, aux questions qui lui seront posées
sur les autres matières de l'enseignement

PARIS

JOUVE ET BOYER

IMPRIMEURS
15, rue Racine, 15

1900

A LA MÉMOIRE DE MON PÈRE

INTRODUCTION

La crise agricole. — Ses causes. — Ses remèdes.

Vers la fin du xvi° siècle, l'agriculture reçut en France
une impulsion sérieuse et connut une ère de véritable
prospérité. Protégée par le roi de si populaire mémoire qui voulait que « chacun le dimanche, eût la poule
au pot », elle trouva un soutien et le guide le plus
sûr dans son sage ministre, Sully, qui tenait pour
maxime que « labourage et pâturage sont les deux
mamelles de l'Etat ».

Plus tard, Bernard Palissy, comprenant toutes les
ressources que ses contemporains auraient puisées dans
l'étude des choses agricoles, écrivait « qu'il n'est nul
« art au monde, auquel soit requis une plus grande phi-
« losophie que l'agriculture ». Mais ces encouragements n'étaient point entendus ; les travaux de la terre
restaient abandonnés aux paysans, et ceux-ci cultivaient
comme avaient cultivé leurs pères, par routine et sans
progrès.

De nos jours, l'Agriculture est devenue une science.

La Chimie, la Physique, la Mécanique, transportées dans son domaine, ont assuré sa transformation et son développement. Par l'application intelligente et raisonnée des nombreuses découvertes réalisées au cours du xixᵉ siècle, le sol peut être facilement amendé, la main-d'œuvre simplifiée, les récoltes améliorées, le rendement général augmenté dans de notables proportions. Cependant les intéressés ne cessent de se plaindre et de déplorer les effets d'une crise qui les accable ou les ruine. En dépit de toutes les conditions favorables, les classes si laborieuses de la campagne ne parviennent pas à obtenir la juste rémunération de leurs constants labeurs, encore moins à se constituer la modeste épargne qui rendrait les années de vieillesse moins sombres et moins dures.

D'où vient cet état de choses ? Les causes en sont multiples, et les remèdes proposés ont été jusqu'ici insuffisants ou inefficaces.

Le morcellement exagéré du sol, qui résulte du mode de partage adopté parmi nos populations rurales n'est pas étranger à leurs souffrances (1). Un père de famille laisse à son décès un patrimoine de quelques hectares en prés, terres labourables, vignes ou bois. Il semble que le partage devrait s'effectuer de façon à conserver son intégrité à chaque parcelle. Mais chacun des enfants voudra amender sa portion dans les

1. Journal « *L'Agriculture moderne* » nᵒ du 16 avril 1890 page 1. — *L'Emiettement du Sol*, par M. H. Gomot, sénateur.

différents héritages, afin de posséder une terre, un pré, une vigne et un bois ; il faudra donc diviser la terre, le pré, la vigne et le bois en autant de fractions qu'il y aura de lots à former. De là un émiettement, qui s'accentue à chaque génération nouvelle, au point de créer une quantité de parcelles minuscules, sans valeur, et, pour ainsi dire, inexploitables. La statistique, dressée récemment par la commission technique du cadastre, prouve qu'il en est ainsi dans beaucoup de départements : la superficie moyenne de l'îlot de propriété en France est de 25 ares. Comment travailler une étendue de ce genre avec les machines nouvelles? Comment y tenter de la culture intensive? Comment y employer des capitaux en vue d'améliorations sérieuses et durables ?

En Allemagne et en Autriche, le Gouvernement, préoccupé des inconvénients de ce démembrement excessif de la propriété rurale, a institué les *remembrements*. Il a ordonné la réunion, la fusion de toutes les parcelles d'une section; puis, dès qu'il avait obtenu l'adhésion des deux tiers des habitants, il a fait procéder à une nouvelle répartition de la propriété foncière, de telle sorte que chaque intéressé reçut, en proportion de ses droits, un lot de terrains contigus et bien groupés. Il s'est ainsi formé des exploitations plus homogènes et plus vastes; mais il a fallu vaincre beaucoup de préjugés, surmonter bien des difficultés, et déployer souvent quelque rigueur.

En France, cette situation désavantageuse est loin d'être générale ; la statistique décennale du Ministère de l'Agriculture, dressée en 1892, nous montre que la très petite exploitation, celle de moins d'un hectare, représente seulement les 2,68 pour cent du terrain agricole (1). Si le département du Puy-de-Dôme, par exemple, comprend 60.755 exploitations au-dessous d'un hectare et 63.079 dont la contenance moyenne est de 4 hectares 20 centiares, un département voisin, l'Allier, se trouve réparti en 3.619 exploitations, couvrant chacune 100 hectares 16 environ. — Mais, cette observation faite, il convient de reconnaître que le morcellement du sol, partout où il existe, constitue une entrave à la culture, un obstacle aux améliorations ; et qu'il serait utile d'y remédier. Toutefois la chose est difficile : une loi du 3 novembre 1884 l'a vainement tentée, en cherchant, par l'abaissement des droits fiscaux, à encourager et à faciliter entre voisins l'échange des immeubles ruraux. Le cultivateur a son bien, bien de famille, fort souvent, et il s'en sépare avec peine.

Un effort plus sérieux a été fait en vue de procurer aux agriculteurs, dans une large mesure, les avantages dérivant des découvertes réalisées par la science et des progrès obtenus grâce à son concours. Des associations se sont fondées, des syndicats se sont consti-

1. *Journal de la Société de Statistique de Paris,* octobre 1898 page 320.

tués, qui mettent à leur disposition, à des prix réduits, les semences de premier choix et les engrais appropriés à la nature du sol.

L'Etat, de son côté, est intervenu (1). Il a inscrit l'enseignement agricole dans le programme des études primaires, estimant avec raison qu'il fallait dès l'enfance initier nos futurs agriculteurs à la connaissance des choses agricoles, et les préparer à la culture intelligente de cette terre, qu'ils aiment ardemment et qu'ils ne déserteraient pas si elle ne se montrait parfois trop ingrate et décevante.

L'enseignement agricole supérieur a été mis aussi à la portée de tous. Dans chaque département réside un Professeur spécial, chargé de faire des conférences, de diriger l'exploitation d'un champ d'expériences, de se tenir en contact avec les populations rurales, d'étudier la composition des terrains, les ressources qu'ils présentent, les éléments qui leur font défaut, les améliorations dont ils sont susceptibles.

Mais ce ne sont là que des palliatifs. La science a d'ailleurs ses écueils : en notre matière, elle n'a pas toujours eu raison contre l'expérience et la routine, et certains de ses insuccès ont inspiré cette boutade: « On « sait bien, les champs d'expériences l'ont prouvé, « qu'on peut faire du blé avec de l'argent, mais l'agri-« culteur préférerait faire de l'argent avec du blé. »

1. Guénin, *Le Crédit agricole par l'assurance*, p. 29.

Ce qui frappe les esprits, ce qui décourage beaucoup de bonnes volontés, c'est la baisse énorme, constante, qui se produit sur les animaux, sur certaines denrées, spécialement et surtout sur les blés. Sur ce point, le sentiment des populations rurales est connu de tous. « Le blé ne se vend plus, affirment-elles. Autrefois « son prix atteignait une moyenne de trente francs par « hectolitre ; actuellement il est rare qu'il dépasse une « vingtaine de francs ; cette dépréciation considérable « est la cause de notre ruine. Obtenez une hausse con- « venable sur nos blés, et vous nous rendrez la confian- « ce, la sécurité et le bien-être. » Ces plaintes ne sont pas restées sans échos ; mais, si elles ont eu d'ardents champions pour les soutenir, elles ont rencontré des adversaires convaincus, et, dans toutes leurs manifestations, dans toutes les questions qu'elles soulèvent elles renouvellent la lutte entre l'Ecole protectionniste et les partisans du Libre-échange.

Les revendications des agriculteurs sont des plus légitimes, déclarent les Protectionnistes ; il est juste, nécessaire, conforme à l'intérêt général, d'assurer aux produits nationaux une vente suffisamment rémunératrice, et par conséquent de frapper les denrées étrangères, au moment où elles pénètrent sur nos marchés, d'un droit assez élevé pour en rendre l'aliénation impossible à un taux inférieur ou même égal au prix normal des marchandises françaises similaires.

Gardons-nous, affirme le Libre échangiste, d'interve-

nir dans les relations extérieures des peuples et de
porter atteinte à la liberté des transactions. L'émula-
tion entre les Etats n'est pas moins utile que la concurrence entre les particuliers ; elle provoque une augmentation de rendement dans le monde, et détermine ainsi,
pour les objets de première nécessité, un abaissement
des tarifs qui est essentiellement conforme à l'intérêt
des consommateurs, c'est-à-dire de l'immense majorité.

Un pareil système, répliquent les Protectionnistes,
aboutirait à des conséquences si funestes, que jamais en
France il n'a été appliqué dans toute sa rigueur. Le
commerce et l'industrie eux-mêmes ne deviennent libre-
échangistes que dans la mesure où ils y sont sollicités
par leurs intérêts, que dans les cas où ils obtiennent
ainsi de l'étranger des avantages équivalents à leurs
propres sacrifices. Mais, s'ils se sentent impuissants à
lutter, s'ils entrevoient des causes certaines d'infério-
rité et de préjudice, ils savent, par l'entremise des
chambres de commerce, faire valoir leurs droits à un
régime protecteur. L'agriculture ne demande pas autre
chose que cette égalité de traitement : de même que
des droits élevés frappent à la douane les fers, les
tissus de lin, de soie, de laines ou de coton, qui arrivent de l'étranger, de même l'Etat ne doit pas ouvrir
les marchés français aux denrées exotiques qui pourraient être vendues à des prix tellement réduits que

la production nationale serait annihilée, écrasée et n'aurait plus qu'à disparaître (1).

Au surplus, si les Agriculteurs sont hostiles au système du Libre-échange, les événements qui se sont passés il y a quelques années, ainsi que les lois votées par les Chambres, ne sont-ils pas venus leur donner entièrement raison ?

En 1891, la récolte du blé en France étant fort compromise, (elle a été de 70 millions d'hectolitres, tandis que de 1894 à 1896 elle a varié entre 119 et 124 millions), les droits de douane furent abaissés de deux francs, afin de favoriser l'importation et de ne pas exposer les consommateurs à une cherté excessive. Or, quel fut l'effet de cette mesure ? On se procura, il est vrai, les quarante millions d'hectolitres dont on avait besoin. Mais les blés étrangers envahirent nos marchés en telle abondance et avec une telle profusion que longtemps après les cours restèrent avilis et ne purent être relevés malgré l'augmentation des droits de douane qui de trois francs furent portés à cinq. — Le Gouvernement et les Chambres ont compris le danger, et, tout en permettant l'importation étrangère, qui souvent doit nous fournir le complément des 110 ou 115 millions d'hectolitres annuellement consommés en France, ils se sont appliqués à la contenir dans de

1. Voir Louis Durand « *le Crédit agricole en France et à l'Etranger*, » p. 26 et suiv.

justes limites. Lorsqu'un projet de loi était déposé tendant à un relèvement des droits de douane, les spéculateurs s'empressaient de faire entrer en France une quantité considérable des denrées qui allaient être atteintes, de telle sorte que la loi, au moment où elle était votée, avait perdu toute utilité, tout intérêt, toute efficacité. La loi du 13 décembre 1897, qui a reçu le nom de « loi du Cadenas » a eu pour objet de réprimer ces abus. Elle autorise le Gouvernement à appliquer par décret le tarif proposé, et à prendre les mesures nécessaires pour qu'il reçoive son exécution immédiate, sauf à restituer, le cas échéant le montant des sommes qui auraient été perçues en trop sous ce régime provisoire (1).

Un autre moyen a été discuté : il consistait à établir une échelle mobile, fixant, selon le prix du blé indigène, une augmentation ou un abaissement mathématique et proportionnel des droits de douane. Mais ce projet a été repoussé par le Parlement à raison des difficultés pratiques qu'aurait rencontrées son application.

Malgré les régimes protecteurs, malgré les entraves apportées à l'importation, malgré les efforts de toute nature tentés en faveur de l'Agriculture, celle-ci n'a pas réussi à améliorer sa condition et à sortir de la crise dont elle souffre. On s'est alors avisé que l'A-

1. *Journal Officiel* du 19 décembre 1897, p. 7115.

griculture, aussi bien que l'Industrie et le Commerce,
avait besoin de capitaux pour prospérer et pour vivre;
qu'elle était soumise à cette loi générale d'une grande
production, permettant de multiplier les transactions,
d'accroître le chiffre et l'importance des affaires ; et
que pour assurer son fonctionnement normal et son
entier développemement, il était nécessaire de fonder
un « Crédit agr:cole ».

Depuis longtemps les Pouvoirs publics se sont occupés de cette question : mais les difficultés se sont rencontrées nombreuses et graves, les solutions par suite
sont lentes à intervenir. La loi du 18 juillet 1898,
sur les « Warrants agricoles », a apporté en cette matière une importante innovation. Comme préface indispensable à son étude, nous devons examiner ce qu'il
faut entendre d'une manière générale par le « Crédit
agricole », à quels besoins il répond, et quels efforts
ont été accomplis en vue de son organisation.

PREMIÈRE PARTIE

Du Crédit agricole.

CHAPITRE I

Du Crédit. — Sa définition. — Son utilité et son application en Agriculture.

« Le Crédit, a dit Stuart Mill, n'est que la permission
« d'user du capital d'autrui ». Dans le monde, chaque
individu occupe une place différente, a des aptitudes
et des capacités diverses. Tel qui possédera une fortune importante, considérable, n'aura, pour faire de
ses fonds un emploi avantageux et utile, aucune des
dispositions ou des facultés nécessaires à la pratique
des affaires. Tel autre, travailleur, d'un esprit entre-
prenant, d'une intelligence ouverte, manquera au contraire des ressources matérielles, de l'argent indispensable à la réalisation de ce que son activité et son sa-

voir le portent à créer. Il appartient au Crédit d'allier ces deux forces, le Capital et le Travail, qui seraient improductives si elles restaient divisées.

Le commerce et l'industrie trouvent en lui l'élément le plus puissant de leur prospérité et de leur développement ; ne rendrait-il pas les mêmes services à l'agriculture ? n'exercerait-il pas sur elle la même influence ?

Le crédit agricole n'a pas pour but de procurer des capitaux destinés à acheter des immeubles, à construire des bâtiments, ou à entreprendre des améliorations foncières pour ainsi dire permanentes. — Son champ d'action est plus limité, beaucoup plus restreint ; il s'applique à des besoins plus immédiats, à des opérations plus simples, moins coûteuses et à moins lointaine échéance ; il a seulement en vue l'avance des sommes, relativement peu importantes, qui sont nécessaires à l'achat des meilleures engrais, des semences de premier choix, des machines perfectionnées, au complément du cheptel, à l'acquisition des animaux de labour ou d'embouche. En d'autres termes, c'est un *capital d'exploitation* que le crédit agricole doit fournir, car la culture exige des capitaux et ces capitaux manquent à l'agriculteur.

Toutefois, s'il ne possède pas tous les fonds dont il aurait besoin, l'agriculteur a-t-il vraiment avantage à les demander à l'emprunt ? A-t-il intérêt à faire appel au Crédit ? — Beaucoup l'ont nié. Ils ne rééditent pas, dans ses termes absolus, ce vieux préjugé que tout emprunt appauvrît le cultivateur, qu'il prépare sa ruine, et que dès lors il vaut mieux pour lui manquer d'argent que de devoir. Mais ils contestent, à un double point de vue, l'utilité du Crédit agricole.

Pourquoi voulez-vous que le cultivateur emprunte ? écrit un économiste, sous le pseudonyme d' « un ami de l'agriculture ». (1) Ses débours sont successifs, échelonnés de mois en mois, ou de trimestre en trimestre, et, pour y faire face, il y a des rentrées correspondantes, des encaissements périodiques : « en juin, il peut « vendre ses laines ; en août, ses foins ; en septembre « et octobre, ses céréales ; en novembre, ses plantes « industrielles ou légumineuses ; en février et mars, « ses vins. » Par conséquent, chaque fois qu'un achat se présente, il lui est loisible d'aliéner une denrée, dont le prix soldera sa dépense. La thèse serait admissible, si les données en étaient exactes. Mais la variété de cultures qu'elle suppose dans une même exploitation ne se rencontre pas dans la pratique : bien peu de domaines auraient une étendue suffisante. C'est oublier d'ailleurs que chaque région a ses produits propres, et qu'il est souvent impossible de les modifier tant à cause de la nature du sol qu'à raison du climat.

Vainement aussi essaie-t-on de soutenir que l'agriculteur, pour emprunter dans des conditions raisonnables,

1. Note sur le crédit agricole, rédigée en 1882, sur la demande du Ministre de l'Agriculture : annexe, n° 9, p. 179.

ne peut pas souscrire au paiement d'un intérêt annuel de
6, de 5 ou même de 4 pour cent ; et qu'il a besoin d'un
taux exceptionnel, d'un taux de faveur, parce que le
bénéfice, qu'il retire de ses terres, ne s'élève pas au-
delà de 2 1/2 ou 3 pour cent. S'il en était ainsi, le crédit agricole serait condamné, car l'argent ne se prête à
personne au-dessous de sa valeur, au-dessous des cours
du marché. Mais le raisonnement qui précède repose
sur une confusion. Lorsqu'on fixe à 2 1/2 ou 3 pour
cent le revenu de la terre, cela s'entend de la rémunération habituelle, normale, du capital foncier, c'est-à-
dire de la rente annuelle que percevrait le propriétaire
dont le domaine aurait été donné à bail. Mais en même
temps que le propriétaire il y a l'exploitant ; et ce dernier retire nécessairement de sa culture, en sus de
l'intérêt formant la part du propriétaire, une somme
variable, insuffisante peut-être, mais certaine, qui représente l'indemnité de ses avances et de son labeur.
Aussi peut-on tenir pour certain que le rendement minimum de la terre est de 8 ou 10 pour cent, et que
l'exploitant ne serait pas en perte, par cela seul qu'il
emprunterait, pour les besoins de sa culture, au taux
usuel de 4 ou 5 pour cent, ni même au taux commercial de 6 pour cent.

En réalité, les adversaires du Crédit agricole sont
devenus de plus en plus rares. Depuis de longues
années, l'immense majorité en a admis le principe et

proclamé l'utilité (1). M. de Valserre (2), pour faire à ce sujet une démonstration saisissante, s'appuie sur des chiffres. Il prend comme exemple la culture du blé, qui est la plus importante et la plus menacée par la concurrence américaine. Et il observe que dans la région du Nord, où le capital d'exploitation varie entre 1000 et 1800 francs par hectare, le blé produit à l'hectare de 35 à 50 hectolitres, et revient au prix moyen de 12 à 14 francs l'hectolitre ; que dans les environs de Paris, où le capital d'exploitation est de 500 à 1000 francs par hectare, le rendement s'élève à 25 ou 30 hectolitres, et le prix de revient de l'hectolitre à 16 ou 18 francs ; que dans le Centre, ou le capital d'exploitation est limité à 300 ou 400 francs par hectare, le rendement n'est plus que de 18 à 20 hectolitres, avec un prix de revient de 16 à 18 francs ; qu'enfin dans le Midi, où le capital d'exploitation ne dépasse pas 300 francs par hectare, la vigne non comprise, le rendement du blé n'atteint plus que 12 ou 13 hectolitres, tandis que son prix de revient est de 20 à 24 francs par hectolitre. De ces constatations et de ces chiffres M. de Valserre conclut que la production du sol est toujours en rapport avec le capital dépensé pour l'obtenir ; que, par suite, le seul moyen

1. Rapport de M. Chastenet à la Chambre des Députés, annexe au procès-verbal du 3 décembre 1897, p. 4.

2. *Journal des Economistes*, décembre 1881, p. 236 et suiv.

de paralyser la concurrence étrangère consiste à parfaire le capital d'exploitation dont disposent nos cultivateurs. Alors, en effet, que le Midi de la France est en perte, dès que des droits élevés sur le blé ne le protègent plus, alors que le Centre souffre et se débat avec peine, le Nord, qui, lui, dispose d'un capital suffisant, réalise toujours un bénéfice appréciable, car les enquêtes officielles ont démontré que le blé expédié d'Amérique dans nos ports ne pouvait pas être vendu à un prix inférieur à 17 ou 18 francs l'hectolitre.

M. Louis Durand (1) témoigne moins d'enthousiasme pour la culture intensive, dont il trouve téméraire d'affirmer l'excellence et la supériorité dans tous les pays et dans toutes les circonstances. Il estime qu'elle subit plus rudement que la culture extensive les contre-coups de la baisse des prix et des diminutions de rendement accidentelles ; que son emploi doit être fait avec circonspection et discernement ; qu'elle ne peut être lucrative qu'avec les hauts cours, et que, si elle était généralisée, elle aurait précisément pour résultat d'en amener la dépression.

Quoiqu'il en soit sur ce point, il existe, cela n'est pas douteux, un certain nombre de dépenses, qui seraient profitables au cultivateur, mais qu'il ne peut effectuer avec ses propres ressources. Avec un peu

____

1. *Le crédit agricole en France et à l'Etranger*, p. 75 et suiv.

de crédit, il pourra, par exemple, se pourvoir d'instruments meilleurs, se procurer des engrais de qualité supérieure ou en quantité plus grande, réaliser quelques petites améliorations d'aménagement ou d'entretien, acheter quelques nouvelles têtes de bétail, développer en un mot toutes les forces productives dont il dispose, et augmenter ainsi ses bénéfices en même temps que ses produits.

De même, un emprunt de quelques mois, peut-être de quelques semaines, lui évitera souvent une perte très sensible. Chaque année, c'est un fait constaté depuis longtemps, après les travaux des moissons, il se produit sur le marché une offre de blé considérable, provenant des ventes précipitées que l'agriculteur est contraint de faire pour se procurer l'argent indispensable au règlement des multiples dépenses de la saison d'été et au paiement d'un personnel plus nombreux d'ouvriers. Le Crédit, si on le lui rend accessible, lui permettra d'échelonner ses ventes et de ne pas provoquer une baisse de prix qui ne profite qu'aux spéculateurs.

Le crédit, avec ses modalités et sous ses formes habituelles, est-il donc inaccessible à l'agriculteur? C'est ce que nous avons maintenant à examiner.

Le crédit (du mot latin *credere, creditum*) se mesure pour chacun à la confiance qu'il inspire. Cette confiance a pour cause tantôt la considération de la personne, tantôt la constitution d'une garantie.

Lorsqu'il repose sur les qualités morales de l'emprunteur, sur son activité, son intelligence, sa probité, le
crédit reçoit le nom de *Crédit personnel.* S'il tient compte de la valeur et de l'importance du patrimoine, c'est
accessoirement, en seconde ligne, comme élément général de sécurité. Mais ce qui le caractérise, c'est que,
dès l'instant où il s'accorde, il n'exige pas d'autre garantie que la signature du débiteur, il se contente de sa
promesse, il suit sa foi. Ce crédit est, cela se conçoit,
fort difficile à obtenir. Non seulement il est toujours
délicat d'apprécier la capacité et l'honorabilité d'une
personne, mais il faut pour cela la connaître ; et la
notoriété, qui s'acquiert lentement, avec peine, dépasse
rarement les limites d'une région étroite et fort circons-
crite. De plus, la situation d'un débiteur, dont la solvabilité au moment du prêt apparaissait certaine, incontestable, peut se modifier brusquement et devenir
douteuse, mauvaise, déplorable, par suite d'événements
multiples et imprévus, tels, par exemple, que la mort
de l'emprunteur ou sa longue maladie, des opérations
ou des entreprises malheureuses, un sinistre survenu,
de grosses pertes subies. Aussi le crédit personnel est-
il réservé à un petit nombre de privilégiés ; il n'est pas
susceptible de développement et il échappe à toute organisation législative, parce qu'il est tout aussi impossible d'accroître et d'étendre la confiance dans l'individu
qui lui sert de base, que de la provoquer et de la faire
naître.

Pour solliciter les capitaux, pour les attirer et les retenir, il faut offrir au prêteur une garantie matérielle, tangible, dont le mérite et la valeur soient faciles à apprécier et à fixer. De cette idée de nantissement est sortie l'institution du *Crédit réel,* qui est *mobilier* ou *immobilier*, selon la nature de la sûreté que le créancier reçoit.

Le Crédit réel immobilier, ou plus simplement le Crédit immobilier, tire son origine de deux contrats. — Le premier, le plus ancien, est l'antichrèse (art. 2085 à 2091 c. civ.), par lequel le créancier acquiert la faculté de percevoir les fruits, naturels ou civils, d'un ou de plusieurs immeubles, à la charge de les imputer annuellement sur les intérêts, s'il lui en est dû, et ensuite sur le capital de sa créance. Mais cette convention a toujours été d'un usage peu répandu, et, pourrions-nous ajouter, d'un caractère mal défini: on a longtemps discuté sur la nature et l'étendue des droits conférés au créancier antichrésiste, et la loi du 23 mars 1855 n'a pas mis fin à toutes les controverses (1). Un système de garantie plus perfectionné, plus pratique, devait forcément faire tomber en désuétude et à peu près disparaître le contrat d'antichrèse. — Aujourd'hui, en effet, la constitution d'hypothèque (art. 2124 à

1. Aubry et Rau, t. 4, p. 718 et suiv., §§ 438 et 439. Baudry Lacantinerie. *Du nantissement,* t. 1, p. 140 et suiv. *Gaz. Pal répért.,* t. 9, v° *Nantissement,* n°ˢ 79 à 91.

2180 c. civ.); est la véritable expression du Crédit immobilier. Par cet acte, le débiteur, sans se dessaisir de ses immeubles, les frappe, les grève d'un droit réel spécial, ayant le double effet de permettre au créancier de les suivre en quelques mains qu'ils passent, et d'être payé par préférence sur leur prix en cas de vente volontaire ou forcée.

La garantie, ainsi offerte au créancier, étant des plus sérieuses, des plus solides, le propriétaire, qui consent à hypothéquer ses immeubles, est assuré de pouvoir emprunter à des conditions acceptables une somme proportionnée à leur valeur. La société du Crédit foncier de France, autorisée par décrets des 28 février et 10 novembre 1852, a été fondée dans le but de faciliter les prêts de cette nature, et de servir d'intermédiaire entre le propriétaire foncier qui veut emprunter et le capitaliste qui tient à la sécurité du prêt consenti. Ses opérations peuvent être de deux sortes, et consistent : soit dans des *prêts hypothécaires*, dont les fonds lui sont fournis par l'émission d'obligations foncières ou lettres de gages ; soit dans *des prêts pour travaux de drainage*, qui n'ont donné lieu qu'à très peu d'affaires, et pour lesquels le Crédit foncier n'a pas eu à user de la faculté, concédée par un décret du 24 septembre 1858, d'émettre des obligations de drainage.

Mais, s'il a l'avantage d'être le plus puissant élément de crédit, le contrat hypothécaire présente de sérieux inconvénients : il doit être dressé en la forme authentique, et occasionne des frais très élevés, tels qu'honoraires du notaire, droits d'enregistrement, coût d'inscription et de renouvellement. En outre, le créancier qui, s'il n'est pas désintéressé, poursuit l'expropriation de son débiteur, doit subir toutes les lenteurs de la procédure de saisie immobilière et le paiement par privilège des frais énormes qu'elle entraîne. Un emprunt dans de telles conditions ne s'explique et ne se comprend qu'autant qu'il s'agit de faire face à de grosses dépenses, et de se procurer de l'argent pour une longue période , il devient trop onéreux et inabordable pour toutes les opérations de moindre importance et de courte durée. Le crédit réel immobilier servira à l'agriculteur qui a à solder un prix d'acquisition ou des soultes de partage, qui se propose d'acquérir un cheptel comprenant de nombreuses têtes de bétail, qui entreprend de grosses réparations et améliorations foncières. Mais il deviendrait funeste et ruineux pour celui qui voudrait y recourir pour de simples aménagements de cultures, pour l'achat de quelques animaux, pour toutes ces dettes en un mot qui sont contractées à brève échéance et en vue de fournir ou de parfaire ce que nous avons appelé le capital d'exploitation.

Pour toutes les dépenses de cet ordre, l'agriculteur, qui n'a pas de Crédit personnel comme c'est le cas le plus général, qui ne peut pas songer au crédit immobilier comme nous venons de le démontrer, trouve-t-il des ressources suffisantes dans le crédit réel mobilier ?

Le *Crédit réel mobilier* dérive du contrat de gage
(art. 2073 à 2084 C. civ). Celui-ci consiste dans la remise
d'une chose mobilière, corporelle ou incorporelle, que
le créancier a le droit de retenir jusqu'au remboursement de la dette, et sur le prix de laquelle il sera, le
cas échéant, payé par privilège et par préférence à
tous autres. Les formalités, relatives à la constitution et
à la réalisation du gage, sont plus simples, plus rapi-
des et moins coûteuses que celles édictées pour le contrat d'hypothèque (1). Le Code de commerce, dans ses
articles 91, 92, 93, tels qu'ils ont été modifiés par la
loi du 23 mai 1863, a même apporté sous ce double
rapport des modifications et des réformes qui, en rendant plus souple et plus maniable le mécanisme du
contrat de gage, en ont singulièrement facilité l'usage
aux commerçants (2). Il semble donc que l'Agriculteur,
qui lui aussi possède des biens mobiliers, qui dispose
nécessairement d'outils, intruments ou machines, de
bétail, de récoltes, devrait trouver dans ces garanties
mobilières une source de crédit très suffisante pour se
procurer un capital d'exploitation; et cela, soit qu'il
reste soumis à la législation civile sur le gage, soit, à
plus forte raison, s'il était admis à bénéficier, dans la
mesure du possible, des conditions plus favorables établies par le code de commerce.

1. *Gaz. Pal.*, *rép.*, t. 9, v° *Nantissement*, n°ˢ 20 à 34 ; 61 à 78.
2. Lyon-Caen et Renault, *Dr. com.*, t. 3, n°ˢ 257 à 269 ; 300
à 313.

Or, en est-il ainsi?

Pour répondre d'une façon précise, nous devons distinguer plusieurs classes d'agriculteurs. Sous cette
domination M. Migneret (1) comprend : « 1° le pro-
« priétaire qui ne cultive pas, qui afferme ses terres ;
« 2° le propriétaire qui réside sur sa terre et cultive
« avec les bras d'autrui; 3° le propriétaire qui cultive
« sans le secours d'autrui, par lui-même et avec l'aide
« de sa famille; 4° les fermiers ».

A cette énumération pourraient être ajoutés les jour-
naliers, pâtres, bouviers et autres domestiques de la
campagne, puisqu'ils s'adonnent à la culture du sol.

Cependant, nous n'avons point à nous en occuper,
car ce sont, non pas des exploitants ayant besoin de
crédit en vue de l'exploitation qu'ils dirigent, mais des
ouvriers qui, moyennant un salaire fixe, travaillent au
jour, au mois ou à l'année, et dont les intérêts se rattachent à des idées d'un autre ordre.

A l'inverse, nous devons éliminer de la nomenclature précédente « le propriétaire qui ne cultive pas et
afferme ses terres ». Celui-là n'a rien de l'agriculteur ;
il fixe habituellement sa résidence dans une ville où le
retiennent ses goûts, sa profession ou une fonction
publique; quant aux choses de la terre, il y reste
étranger; et il ignore les principes les plus élémen-

1. *Enquête générale de l'agriculture.* 2° volume, p. 871 et
suiv.

taires de la culture. C'est un capitaliste foncier, qui fournit le capital à faire fructifier, mais qui laisse à un tiers, son fermier, le soin et la responsabilité de cette exploitation, avec la charge de se procurer les fonds nécessaires ou utiles à sa mise en œuvre.

Restent trois catégories d'agriculteurs, dont nous avons à envisager la situation au point de vue spécial qui nous occupe.

Le premier est le propriétaire qui réside sur sa terre, l'administre lui-même et la cultive avec le secours d'autrui, celui, suivant l'expression usuelle, qui « fait valoir ». Le plus souvent il a fait des études, et, s'il se consacre à la direction de son domaine, c'est que celui-ci est assez vaste et assez compact pour lui permettre d'utiliser ses connaissances, d'occuper son intelligence et son activité, et de compter sur une large rémunération de son capital foncier, de son travail et de son capital d'exploitation. D'ordinaire, le propriétaire qui fait valoir a assez d'économies ou de crédit personnel, pour constituer le fonds de roulement, dont il a un incessant besoin, et qui lui est aussi indispensable qu'au chef de toute entreprise industrielle. Sa fortune, d'ailleurs, est rarement toute immobi'ière : elle se compose aussi de valeurs de bourse, qui lui permettent d'assurer le fonctionnement normal et régulier de ses dépenses agricoles ; soit au moyen des intérêts et dividendes qu'elles produisent et qui constituent un revenu fixe, certain, périodique ; soit avec le prix de

vente de quelques-uns de ses titres, nominatifs ou au
porteur, dont la réalisation est rapide et peu coûteuse ;
soit à l'aide de l'emprunt, que rendra partout facile
leur mise en gage (1). A de très rares exceptions
près, le propriétaire qui fait valoir possédera donc, ou
se procurera aisément et en dehors des choses de son
domaine, les fonds destinés à ses achats continuels
d'engrais, de semences, d'outils, de bêtes de somme
ou d'animaux pour l'embouche.

Il en sera de mêmes de quelques grands Fermiers,
qui, maîtres d'une certaine fortune mobilière, ont pris
la direction d'un ou plusieurs corps de domaine et ont
formé un vaste centre d'exploitation, qu'ils gérent,
dirigent et administrent avec l'aide d'un nombreux personnel.

Mais la situation change, lorsqu'il s'agit de ceux,
propriétaires ou fermiers, qui cultivent le sol directement et par eux-mêmes, avec le concours de leur famille et parfois de quelques domestiques. Leur fortune
quand ils en ont, est modique. Pour le propriétaire
cultivateur, elle se divise en deux parties : l'une la
principale, comprend le petit nombre d'héritages, dont
est formé son patrimoine, et dont les produits suffisent
à peine à le faire vivre, lui et les siens ; l'autre, qui

1. Lyon-Caen et Renault, *droit com.*, t. III. nᵒˢ 273 à 275 *bis;*
Gaz. Pal. rép., t. IX, Vᵒ *Nantissement*, nᵒˢ 43 à 45 ; Aubry et
Rau, 4ᵉ éd., t. IV, § 433. p. 709.

n'est que l'accessoire, le complément de la précédente,
consiste en un mobilier rare et sommaire, et en un
matériel agricole plus ou moins complet. Ce deuxième
élément représente so.ivent tout l'avoir du fermier, qui
exploite le fonds d'autrui précisément parce qu'il n'a
pas d'immeubles ou qu'il n'a que d'insignifiants immeubles. Pour acquérir ce matériel agricole, le cultivateur,
qu'il soit propriétaire ou fermier, a vite épuisé ses ressources en argent, qui proviennent : tantôt des petites
économies réalisées au temps où il louait ses services;
tantôt de la part héréditaire qu'il a recueillie dans la
modeste succession de ses auteurs; tantôt de l'humble
dot que sa femme a apportée en mariage. Lorsqu'il
voudrait alimenter son capital d'exploitation, dans la
mesure où cela lui est utile, il n'a d'autre gage mobilier à offrir à un prêteur que son matériel agricole ou
ses récoltes.

Or, ce dernier, ce seul moyen, qui lui reste de contracter un emprunt avantageux, le cultivateur ne peut
pas l'employer, car une disposition de la loi précise,
formelle, impérative, qui de l'article 2076 du code civil
a passé textuellement dans l'article 92 du code de commerce, exige que le gage soit mis et demeure en la
possession effective du créancier ou d'un tiers convenu. — Ce dessaisissement, en ce qui concerne l'outillage, les animaux, le matériel agricole en un mot, est
irréalisable de la part du cultivateur : cela est d'éviden-
ce ! Il se mettrait ainsi dans l'impossibilité absolue de

cultiver ; il se priverait des choses mêmes que l'emprunt projeté aurait en partie pour objet de développer, de perfectionner et d'accroître. — Très volontiers,
au contraire, il pourrait consentir à la remise de ses
récoltes au prêteur ou à un tiers ; mais cette livraison
occasionnerait des frais de main-d'œuvre, de transport,
de magasinage, qui resteraient à sa charge et aggrave-
raient lourdement les conditions du prêt.

Le cultivateur ne saurait donc songer au contrat de
gage ; et, pour faire face à ses besoins et à ses dépenses agricoles, il ne peut pas plus compter sur le Crédit Mobilier, que sur le Crédit immobilier et le Crédit
personnel. Comment dès lors se procurera-t-il le capital d'exploitation, qui doit faciliter ses achats, améliorer sa culture, augmenter ses récoltes, favoriser l'é-
coulement de ses produits, et dont l'utilité a été pro-
clamée, non seulement au point de vue de l'intérêt par-
ticulier de l'agriculture, mais au point de vue même
de l'intérêt public ? (1). La réponse paraît facile : il
n'y a qu'à créer en faveur de l'Agriculture, comme on
l'a fait en faveur du Commerce, un système de crédit
spécial, approprié à ses besoins et à ses facultés. Sans
doute, l'institution d'un crédit plus large, plus accessible, pourra, en matière agricole comme en toute autre
engendrer des abus. Mais, bien des commerçants font

1. Rapport de M. Chastenet à la Chambre des Députés,
Annexe du procès-verbal du 3 décembre 1897, n° 2869, p. 4.

faillite, et nul ne s'est avisé de vouloir supprimer le crédit exceptionnel ouvert aux négociants et aux industriels, ni même d'en contester les avantages. C'est que l'incapacité, l'imprévoyance, la mauvaise fortune ou les fraudes de quelques-uns ne sauraient mettre en échec les intérêts du plus grand nombre. Et le cultivateur est, à l'égal de tout autre, digne d'une grande confiance, lui dont la prudence, les habitudes de travail et l'esprit d'économie sont connus.

Mais, le principe admis, la nécessité du Crédit agricole reconnue, comment l'organiser ? par quels moyens réaliser cette réforme ? d'après quelles règles et sur quelle base ? C'est là que réside la difficulté, et elle est extrême. En France, où depuis un demi siècle elle a donné naissance à bien des propositions, à bien des théories, à bien des systèmes, sa solution est encore vague, incertaine. Il est donc intéressant, au double point de vue historique et pratique, d'étudier les législations étrangères, et de rechercher de quelle façon elles ont tranché le problème, qui s'est posé partout avec la même gravité.

CHAPITRE II

Le Crédit agricole à l'Étranger.

Après avoir esquissé la situation exceptionnelle de
l'agriculture dans la Grande-Bretagne, nous recher-
cherons quelle influence les associations coopératives
ont exercée sur le développement du crédit agricole
en Allemagne, en Autriche, en Russie, en Belgique,
en Italie, et quels efforts ont été tentés dans le même
sens par les législateurs de ces différents États. Nous
aurons à signaler ensuite quelques particularités de la
loi Portugaise, et, en dernier lieu, à nous occuper de
l'institution originale du « *Homestead* » en Amérique (1).

SECTION I. — *Grande-Bretagne.*

En Angleterre et en Écosse, (2) les établissements
ordinaires de crédit, ceux qui ont été créés pour les

1. Dalloz, rép., Sup., t. 16, v° *Sociétés de crédit foncier*, n°
106 à 120.

2. Durand, *crédit agricole*, pages 577 à 603. — Annexe n° 43
au procès-verbal de la séance du 13 mars 1894 au Sénat :

besoins de l'industrie et du commerce, n'ont jamais
refusé leurs capitaux aux agriculteurs, qui ont depuis
longtemps contracté l'habitude de traiter leurs affaires
par leur entremise. C'est à la banque royale d'Ecosse,
que revient le mérite de cette intelligente initiative :
en 1729, lorsque, deux ans après sa fondation, elle
inaugura le système célébre du « *cash credit account* »,
des « comptes courants à découvert », elle ne fit aucune difficulté pour ouvrir ces comptes courants aux
agriculteurs, dès que ceux-ci pouvaient ou lui présenter deux cautions solvables, ou lui donner la garantie
réelle du « *mortuum vadium* », c'est-à-dire le gage
d'une propriété immobilière qu'une procuration non
révocable l'autorisait à vendre le cas échéant.

Depuis lors, les banques anglaises et écossaises,
qui ont établi des succursales sur tous les points du
territoire, qui se sont efforcées de faciliter à tous l'u-
sage des procédés financiers, ont multiplié leurs relations avec les classes agricoles, et leur ont largement
accordé tout le crédit qui leur était utile.

Cela, d'ailleurs, leur était particulièrement facile,
car les agriculteurs de Grande-Bretagne ne comprenn-
nent en général que des hommes instruits et jouissant
d'une certaine aisance. Les uns, les « *gentlemen far-
mers* » considèrent comme une carrière très hono-

Déposition de M. de Malarce jointe au rapport Labiche, p. 28
à 30.

rable de gérer, d'administrer eux-mêmes leurs domaines, et ils y consacrent parfois d'importants capitaux.
Les autres, ceux qui cultivent en vertu d'un bail, à
titre de fermiers, des terres appartenant à autrui, sont
de véritables industriels, qui entreprennent l'exploita-
tation d'une propriété comme d'autres entreprennent
l'exploitation d'une usine, qui disposent de sérieuses
avances, et qui se soumettent volontiers aux lois commerciales. La situation de ces exploitants, propriétaires
ou fermiers, est donc bien supérieure, de beaucoup
préférable à celle de la grande majorité des agriculteurs continentaux; elle est telle que partout ils obtien_
draient sans peine l'accès des banques, et qu'ils peuvent se montrer indifférents à l'organisation du Crédit
agricole.

Les classes supérieures et les classes moyennes de
la Société ne forment cependant pas la seule clientèle
des banques d'Angleterre et d'Ecosse ; celles-ci ont su
également accueillir les classes laborieuses et sans
fortune, en multipliant les petits crédits. Un artisan,
un petit commerçant, un petit agriculteur, pourra trouver auprès d'elles, non pas certes un capital d'entre_
prise, mais une somme modique pour les besoins courants de sa très modeste exploitation industrielle, commerciale, sans avoir à constituer aucun gage matériel,
et sous la seule condition que deux de ses voisins, de
ses parents ou de ses amis, se porteront garants de la
somme à emprunter.

C'est cette idée de crédit personnel, accordé aux travailleurs dont la capacité et l'honnêteté sont attestées et fortifiées par la *solidarité* de leurs pairs, qu'il était intéressant de signaler et de mettre en relief, parce qu'elle semble avoir inspiré les fondateurs de ces unions mutuelles de crédit qui, après s'être constituées et multipliées en Allemagne, se sont répandues dans d'autres Etats, et se sont signalées à l'attention générale des économistes et des législateurs par la rapidité de leur développement, leur prospérité, et l'importance des services qu'elles rendent à l'agriculture.

Section II. — Allemagne.

L'Allemagne a vu naître, il y a un demi-siècle, et presque simultanément, deux groupes d'associations, qui l'une et l'autre reposent sur le principe de la responsabilité solidaire de leurs membres, (1) qui l'une et

1. Les idées de mutualité et de coopération ont été connues et appliquées de bonne heure en Allemagne. Après la guerre de sept ans, la noblesse des anciennes provinces prussiennes était tellement accablée de dettes, que Fréderic II dut intervenir afin de lui rendre mo'ns onéreux les emprunts hypothécaires ; à cet effet il institua, sous le nom de « *Landschaft* », une association obligatoire de tous les propriétaires nobles de la province, dont les terres garantissaient solidairement le remboursement des emprunts hypothécaires contractés

l'autre ont réussi par ce moyen à rendre le crédit accessible aux travailleurs, mais qui sont au point de vue agricole de valeur très inégale : les unes, les « *Vorschussvereine* », « les associations d'avances » de Schulze-Delitzsch, ont été utilisées par les cultivateurs, mais étaient plus particulièrement destinées aux populations urbaines, tandis que les « Caisses de prêts » ou « *Darlehenskassen* » de Raiffeisen ont été créées dans l'intérêt même des campagnes.

La lutte des deux fondateurs est célèbre. Schulze-Delitzch, oublieux des persécutions gouvernementales qui l'avaient assailli aux débuts de son entreprise, mit une inconcevable ardeur à combattre l'œuvre de son rival par des brochures, par des articles de journaux, même par des interpellations au Reichstag ; et il n'est pas facile de dire si, à la fin de sa carrière, il n'éprouvait pas plus de rancune et d'envie pour les conceptions économiques de Raiffeisen, que de souci pour le bien-être des classes ouvrières.

Quoi qu'il en soit, cet antagonisme n'a nui à aucune des deux institutions. Mais, avant d'exposer leur organisation et leur fonctionnement, il nous paraît néces-

par l'intermédiaire et avec le consentement de l'association. Ces « *Landschaften* », qui a l'origine n'intervenaient en quelque sorte que comme cautions, ont subi peu à peu d'importantes modifications et sont devenues de véritables banques hypothécaires rendant les plus grands services en matière de crédit foncier.

saire d'expliquer les avantages et l'importance de la
responsabilité solidaire, qui a été leur point de départ
et leur loi commune, et qui est restée la base essentielle de toutes les fondations analogues (1).

Les associations dont il s'agit sont composées de
gens, qui ne possèdent rien ou dont l'avoir est peu de
chose ; personnellement aucun d'eux ne trouverait à
emprunter une somme, même minime ; comment donc,
en se réunissant et en s'engageant à répondre tous de
toutes les dettes sociales, peuvent-ils présenter une
garantie sérieuse de solvabilité ? Cela tient à deux causes.

Tout d'abord, la société ne se constituera et ne se
recrutera que parmi les hommes actifs, laborieux, hon-
nêtes, voulant emprunter pour produire, et non pas
pour consommer ; car chacun d'eux, sachant qu'il aura
à répondre non seulement de sa propre dette mais de
toutes les dettes contractées par les autres associés,
tiendra à les bien choisir et s'appliquera à les maintenir dans des habitudes d'ordre, de travail et de pré-
voyance. Au point de vue de la valeur des personnes,
de leurs qualités morales, le capitaliste peut donc avoir
une entière confiance : chaque associé est digne de crédit.

En second lieu, la stipulation de la solidarité des
associés met à la charge de l'association le risque le
plus grave, le seul qui soit en réalité de nature à em-

1. *Revue des « Lois Nouvelles »*, 1895, 1re p,, pages 114 à 120.

pêcher le capitaliste prudent de consentir à l'avance
sollicitée par l'ouvrier, l'artisan ou le cultivateur laborieux et honnête. Ce risque, c'est celui qui. résulte des
cas fortuits, des hasards malheureux, de tous ces événements imprévus, tels par exemple que la mort, la
maladie, le chômage, qui mettent en échec les meilleures volontés, et qui ont fatalement pour résultat,
s'ils se produisent pendant la durée du prêt, de rendre
l'emprunteur insolvable. Or, la crainte de cette insolvabilité éventuelle disparaît pour ainsi dire complètement
si chacun des travailleurs, faisant partie de l'association, se trouve personnellement obligé à payer l'inté-
gralité de la dette consentie à l'un d'eux, au cas où
celui-ci n'en aurait pas effectué lui-même le remboursement à l'échéance. Tous ces débiteurs, en effet, ne
seront pas atteints par l'adversité ; si l'un ou quelques-
uns d'entre eux n'ont pas réussi dans leurs affaires, les
autres auront prospéré et seront en état de solder
avec leurs bénéfices, non-seulement leurs dettes personnelles, mais encore leur quote-part dans les dettes
en souffrance de leurs associés malheureux. C'est ainsi
comme l'expérience l'a démontré, que le travailleur
digne de crédit devient, par l'effet de la solidarité et
par sa puissance, capable de crédit.

§ I. — Des Vorschussvereine.

Les « *Vorschussvereine* » sont des « *unions mutuel-*

les de crédit », ou plus littéralement des « *associations d'avances* », qui furent fondées en 1850 par Schulze-Delitzsch (1). Elles ont un double but: l'un, matériel, procurer un peu de crédit à l'homme pauvre, mais laborieux, afin qu'il puisse améliorer sa position ; l'autre, moral, obliger le travailleur à obtenir ce crédit, sans le secours de la charité, par les seules forces de ses qualités personnelles, de son activité et de son esprit d'épargne. Ce programme était difficile à réaliser : Schulze-Delitzsch y parvint à l'aide d'une combinaison ingénieuse.

Quiconque veut faire partie du « *Vorschussverein* » doit souscrire une action, qui représente sa part dans la société, et dont le prix varie entre 100 et 200 thalers, c'est-à-dire entre 375 et 750 francs. L'action peut toujours être libérée entièrement, mais un travailleur sera rarement en mesure d'user de cette faculté, ou même de payer une quote-part importante; aussi la seule obligation qui lui soit imposée, c'est d'effectuer chaque mois un versement, qui peut être très minime, ne pas dépasser un mark ou un demi-mark (1 fr. 25 ou 0 fr. 63), mais qui doit se continuer régulièrement jusqu'au paiement intégral de l'action.

Afin d'éviter que la spéculation cherche à s'emparer

1. Durand, *Cr. agr.*, p. 161 à 211. Annexe, n° 43, au procès-verbal de la séance du 13 mars 1894 au Sénat: Déposition de Malarce, insérée au rapport de M. Labiche, p. 23 à 41.

de la société, chacun de ses membres ne peut posséder qu'une seule action. Mais il est encouragé de deux manières à réaliser des économies et à augmenter l'importance de ses versements mensuels : d'abord, le « *Vorschussverein* » proportionne le crédit qu'il consent à chaque adhérent à l'avoir social de celui-ci ; puis, les bénéfices réalisés, qu'il distribue sous forme de dividendes, ne sont répartis qu'entre les sociétaires dont la part sociale a atteint un chiffre déterminé, et qu'au prorata des sommes versées par chacun d'eux.

Le « *Vorschussverein* » joue ainsi le rôle d'une véritable caisse d'épargne pour ses adhérents, auxquels il impose un minimum d'épargne à réaliser. Le paiement, qu'ils effectuent peu à peu, du montant de leurs parts sociales sert à constituer un *capital-actions*, qui reste la propriété des actionnnaires, mais qui est employé comme fonds de roulement par la société. Celle-ci ne saurait cependant y puiser des ressources suffisantes pour ses opérations, l'emprunt lui est indispensable. C'est pour le lui rendre possible, pour le lui rendre facile même, que Schulze-Deiltzsch a eu recours à la responsabilité solidaire des associés : tout membre du « *Vorschussverein* » est tenu, d'une façon complète, absolue, illimitée, de garantir le remboursement des dettes sociales. A cette garantie, qui doit suffire, ainsi que nous l'avons déjà exposé, à rassurer les capitalistes, vient s'en ajouter une autre : le « *Vorschussverein* », en effet, forme, avec le montant des droits d'admission et au moyen d'un prélèvement sur les bénéfices, une réserve dont le maximum est fixé à 10 pour 100 du Capital-actions, qui lui appartient en propre et qui sert de gage supplémentaire à ses créanciers.

Dans les emprunts même qu'il contracte, le « *Vorschussverein* » reste fidèle à sa préoccupation de favoriser l'épargne : il s'adresse surtout à la classe laborieuse, à celle qui n'a pas de disponibilités suffisantes pour les confier à une maison de banque, il en accepte les dépôts les plus minimes, lui en paie un intérêt assez rémunérateur, et, après s'être transformé en caisse d'épargne obligatoire pour ses adhérents, il devient pour les travailleurs une caisse d'épargne facultative.

Les fonds que le « *Vorschussverein* » se procure ainsi, soit par la formation du Capital-actions, soit par les dépôts faits à sa caisse, sont employés par lui en opérations de crédit, de préférence au profit de ses membres. Mais ici apparaît un grave défaut de l'institution : l'intérêt de ses prêts est fort élevé, il n'est jamais inférieur à 7 p. 0/0, atteint le plus ordinairement 10 p. 0/0, et a parfois dépassé le taux de 14 p. 0/0. Il a fallu sacrifier un peu le crédit au souci de développer l'épargne et de la favoriser par l'attrait des beaux dividendes. C'était d'ailleurs un taux bien réduit, si on le compare à celui que les usuriers imposaient aux classes pauvres : l'un d'eux, ayant prêté 50 thalers à un ouvrier de Delitzsch, la ville natale de Schulze-

Delitzsch, lui faisait payer un thaler d'intérêt par jour, soit 730 p. 0/0.

Aussi le succès des « *Vorschussvercine* » fut rapide, immense, et dépassa sans aucun doute toutes les espérances que leur fondateur avait pu concevoir. Mais ces associations, créées plus spécialement en vue d'améliorer le sort des populations urbaines, répondaient moins bien aux besoins des classes agricoles ; outre l'exagération du taux de l'intérêt qu'il réclame, le « *Vorschussverein* » n'autorise ni le remboursement par acomptes, ni surtout les longs délais de remboursement, Schulze-Delitzsch n'ayant pas admis d'échéance à plus de trois mois conformément aux usages du commerce et de la banque.

L'Agriculture devait trouver dans les « Caisses de prêts » de Raiffeisen une organisation plus conforme à ses intérêts et à ses exigences.

§ II. — Des Darlehenskassen.

Dès 1849 Raiffeisen, alors bourgmestre d'un village de la Prusse rhénane, tenta un essai de caisse rurale, afin d'apporter quelques soulagements aux misères des paysans et de les arracher à l'exploitation éhontée d'un monde d'usuriers. Mais il n'était pas encore sorti de la période des indécisions et des tâtonnements, et c'est seulement au mois de mai 1854 qu'il fonda à Heddes-dorf la première « *Darlehenskasse* ».

L'institution eut des débuts modestes (1), elle opérait loin des villes, sans éclat, sans notoriété, luttant contre la défiance de ceux-là mêmes qu'elle se proposait d'aider et de soutenir : pour se faire apprécier, elle dut faire ses preuves. Mais lorsqu'elles furent connues, les « *Darlehenskassen* » se répandirent avec une étonnante rapidité sur tout le territoire. D'après une statistique publiée par le conseil d'administration de l'Union des associations agricoles allemandes, il y avait, en 1888, onze-cent-soixante-deux caisses de prêts du type Raiffeisen ; et ce chiffre, en 1889, s'était élevé à dix-sept-cent trente.

La « *Darlehenskasse* » est une association purement agricole ; elle est établie entre les seuls habitants d'un territoire restreint, ne dépassant pas d'ordinaire l'étendue d'une commune, d'un village ou d'une paroisse ; elle est administrée gratuitement par quelques-uns de ses membres, nommés à l'élection ; elle évite toute entreprise de spéculation, ne distribue aucun dividende et ne possède d'autre capital social qu'un fonds de réserve lentement constitué. Son but est d'emprunter de l'argent à des conditions avantageuses, et de le prê-

1. Durand, Cr. agr., p. 212, à 250. Annexe, n° 917, au procès-verbal de la Séance du 25 octobre 1890 à la Chambre des députés, p. 14 à 25. Annexe n° 2036, au procès-verbal de la séance du 2 avril 1892 à la Chambre des députés : Rapport Mir, p. 2 et 6.

ter à ses membres en temps opportun, pour une durée assez longue et moyennant un intérêt très peu supérieur à celui qu'elle sert elle-même. Elle se donne ainsi la mission d'exercer, au moyen du crédit qu'elle procure, un patronage bienveillant, une influence salutaire et moralisatrice, sur la population agricole qui réside dans son ressort. Tous les associés se connaissent; riches et pauvres, elle les réunit, les rapproche, et réussit souvent à établir entre eux des relations si cordiales qu'un Ecclésiastique des Provinces rhénanes a décerné cet éloge à l'une d'elles : « La *Darlehenskasse* « a plus fait pour la moralité dans ma paroisse que tous « mes sermons ».

Dès qu'elle est constituée, la « *Darlehenskasse* » doit recourir à l'emprunt, qui est sa seule ressource. Elle use à cet égard des mêmes procédés et des mêmes moyens que le « *Vorschussverein* ». Comme lui, elle gagne tout d'abord la confiance des capitalistes en rendant ses membres solidairement responsables des obligations qu'elle contracte. Cette solidarité constitue ici une garantie d'autant plus solide, d'autant plus efficace, que tous les associés ou presque tous ont, soit en immeubles, soit en effets mobiliers tels que bétail et instruments agricoles, un avoir certain, tangible, saisissable ; et cet avoir, d'après une statistique dressée par M. Lœll pour dix caisses Raiffeisen prises au hasard, l'ensemble de ces patrimoines des associés a une valeur si grande qu'il représente en moyenne vingt-neuf

fois le montant des dettes sociales. En second lieu, la
« *Darlehenskasse* », comme le « *Vorschussverein* »,
joue le rôle bienfaisant d'une caisse d'épargne. Elle reçoit toutes les économies qu'on veut lui confier : à partir d'un mark ses guichets s'ouvrent, et même elle émet
des bons d'un pfennig pour permettre aux plus modestes travailleurs d'économiser peu à peu la somme d'un
mark fixée comme chiffre minimum d'inscription sur
les livrets d'épargne. Au moyen des dépôts de ce genre,
les« *Darlehenskassen* » arrivent souvent à grouper des
sommes fort élevées, à tel point que certaines d'entre elles, dans l'arrondissement de Cologne par exemple, se dispensent de recourir à l'emprunt direct et
n'ont à inscrire à leur passif que les recettes effectuées
par leur caisse d'épargne.

Les capitaux qu'elle s'est ainsi procurés moyennant
une rémunération modique, un intérêt très limité, la
« *Darlehenskasse* » les réserve exclusivement aux
besoins de ses membres, et elle les leur fournit aux
conditions les moins onéreuses. Grâce à la limitation
du territoire, sur lequel résident les sociétaires, l'administration toute locale de la « Darlehenskasse » sait
quelle confiance chaque emprunteur mérite par sa conduite, sa moralité, sa situation et son travail ; elle s'in-
forme de l'usage auquel sont destinés les fonds à emprunter : elle apprécie l'opportunité de cet emploi, et
si elle le juge avantageux, elle consent au prêt. Celui-
ci s'effectue à un taux peu élevé 5 ou 6 pour 0/0. Il est

fait à trois mois, six mois, un an, deux ans, parfois même
jusqu'à dix ans. S'il est à long terme, le débiteur doit
amortir sa dette, par annuités ; le montant des échéan-
ces est toujours calculé de manière à coïncider avec
les recettes probables de l'emprunteur et à être pro-
portionné à leur importance. La « *Darlehenskasse* »
est donc bien, par excellence, une institution de crédit
agricole !

Nous pouvons ajouter que son fondateur l'a voulue
d'un désintéressement absolu et qu'il a pris soin de
la mettre à l'abri de toute tentative de spéculation, La
« *Darlehenskasse* » n'émet pas d'actions, elle n'impose
à ses adhérents l'achat d'aucune part sociale : si elle
leur demande le paiement d'un droit d'entrée, c'est
pour se plier aux exigences de la loi allemande, et cette
cotisation insignifiante tout membre démissionnaire a
le droit de la reprendre. Les seuls bénéfices que l'association réalise résultent de la différence, d'ailleurs
modique, qui existe entre le taux de ses emprunts et
le taux de ses prêts ; mais ces bénéfices ne profitent
jamais aux sociétaires ; ils servent à constituer une
réserve, qui forme le patrimoine social, pour laquelle
aucun maximum n'est fixé d'une façon précise, et qui
doit seulement cesser de s'accroitre lorsqu'elle a atteint un chiffre lui permettant de suffire à tous les besoins de l'association, de satisfaire à toutes les deman-
des de crédit.

A partir de ce moment, les bénéfices doivent, aux

termes des statuts, être employés en œuvres ou en travaux d'utilité générale, tels que fondation de lits communaux dans les hospices, création d'écoles, achat d'étalons, amélioration des chemins. Enfin, dans le cas même de dissolution de la société, les convoitises individuelles ne sauraient se produire : il est alors interdit aux associés de se partager le fonds de réserve, qui est déposé à la banque de l'Empire jusqu'au jour où une nouvelle « Caisse de prêts » sera fondée dans la même circonscription territoriale.

Avec une semblable organisation, une société ne se livre qu'à des opérations sûres et sans danger ; aussi jamais une « *Darlehenskasse* » n'a eu, à raison de ses pertes, de recours à exercer contre ses membres ; jamais aucune d'elles ne s'est engagée dans cette voie imprudente et dangereuse de la spéculation, qui a conduit certains « *Vorschussvereine* » à des faillites retentissantes.

III. — Loi Allemande.

Sous l'empire de la loi du 4 juillet 1868, qui fit le premier essai de réglementation des Unions coopératives allemandes, il n'existait qu'une seule espèce d'associations : celles ayant pour base la responsabilité solidaire de leurs membres. La loi nouvelle, promulguée le 1er mai 1889, établit trois sortes de sociétés : la société à responsabilité limitée, la société à responsabilité illimitée, et la société avec poursuite illimitée. En réalité, ces deux dernières se confondent, la distinction faite entre elles, ne reposant que sur une différence de procédure en cas de faillite. Au surplus, si quelques rares « *Vorschussvereine* » ont usé de la faculté, qui leur était offerte, de limiter la responsabilité de leurs membres, leur exemple n'a pas été suivi : les disciples de Schulze-Delitzsch, comme les partisans de Raiffeisen, proclament la supériorité de la responsabilité solidaire et s'en tiennent résolument à ce principe.

C'est seulement dans l'hypothèse, prévue et autorisée par la loi de 1889, d'une association d'associations que l'opinion s'est montrée favorable à l'adoption de la responsabilité limitée. Il ne s'agit plus, en effet, que d'une Caisse Centrale, dont la principale fonction consiste à avancer aux sociétés affiliées, manquant de fonds, les capitaux déposés par les associations plus prospères, mais qui n'a pas à faire directement appel au crédit.

Section III. — *Autriche et Russie.*

I. — En *Autriche-Hongrie,* des banques coopératives ont été fondées pour venir en aide aux petits cultivateurs, tantôt sur le modèle des sociétés Schulze-Delitzsch, tantôt d'après le type des caisses Raiffeisen. Elles sont régies par une loi du 9 avril 1873, qui autorise les associations à responsabilité limitée et celles à responsabilité illimitée. Elles ne paraissent pas d'ailleurs avoir réussi à arracher le paysan autrichien à la dépendance des usuriers juifs (1).

II. — En 1862 et 1864, des émigrants allemands fondèrent en *Russie* deux banques populaires suivant le système de Schulze-Delitzsch. Les paysans éprouvèrent longtemps de la défiance pour ces établissements d'une origine suspecte à leurs yeux; puis ils finirent par en reconnaître la grande utilité et aujourd'hui les banques agricoles y sont fort répandues (2). Elles peuvent se classer en deux catégories. Les unes, fondées sous l'inspiration du Ministère de l'Agriculture, reçoivent une subvention, sont placées sous la surveillance d'un tuteur administratif, et admettent la responsabilité limitée de leurs membres. Les autres, organisées par la Société agronomique, sont à responsabilité illimitée et vivent avec leurs seules ressources.

Section IV. — *Belgique.*

La Belgique, pays de culture dont les méthodes et les procédés ont été cités comme modèles et dans lequel les populations rurales ont connu longtemps une

1. Durand, *Cr. agr.*, p. 626 et 627. Annexe, n° 947, au procès-verbal de la séance du 25 octobre 1890 à la Chambre des députés, p. 30.

2. Durand, *Cr. agr.*, p. 628 à 633.

véritable aisance, a éprouvé elle aussi le contre-coup
de la crise qui sévit en Europe et senti la nécessité
d'organiser le crédit agricole. La question ayant été
portée à la tribune du Parlement, le Gouvernement
déposa un projet, qui fut voté en décembre 1883 avec
quelques modifications, et qui est devenu la loi du 15
avril 1884 (1).

Cette loi autorise la « Caisse générale d'épargne et
de retraites » à employer une partie de ses fonds dis-
ponibles en prêts aux agriculteurs. La « Caisse générale d'épargne et de retraites », qui a été fondée par
une loi du 16 mars 1865, est administrée, sous la surveillance et sous la garantie de l'État, par la Banque
nationale de Belgique chargée de faire fructifier les
fonds d'épargne et d'en servir aux déposants l'intérêt à
un taux normal ; elle conserve néanmoins une certaine
autonomie, et peut employer une partie de ses fonds,
soit en placements définitifs, c'est-à-dire en prêts à long
terme, habituellement garantis par une hypothèque,
soit en prêts à brève échéance, appelés placements
provisoires. Elle rend ainsi, à l'aide des capitaux considérables provenant des économies de toute la Nation,
et accumulés dans sa caisse, de grands services à
l'industrie et au commerce, mais elle ne pouvait que
difficilement faire profiter l'agriculture de ses avances.
La loi de 1884 a eu pour but de combler cette lacune,

1. Durand, *Cr. agr.*, p. 402 à 436.

Godemel
4

et, dans l'espérance d'y parvenir, elle a admis deux innovations : l'établissement de Comptoirs d'escompte agricoles et la création d'un Privilège agricole.

I. — *Des Comptoirs agricoles.* — Il ne suffisait pas d'accorder à la « Caisse générale d'épargne » la faculté de consentir des prêts aux agriculteurs, il fallait en même temps, pour ne pas la mettre dans la situation des banques ordinaires qui le plus souvent refusent de faire des opérations avec les agriculteurs par ce seul motif qu'elles ne les connaissent pas et ne peuvent pas les connaître, il fallait lui fournir les moyens de se mettre en rapport avec la population des campagnes, de se renseigner sur le degré de solvabilité de ses nouveaux emprunteurs, d'apprécier l'étendue et la durée du crédit qu'elle pouvait ouvrir à chacun d'eux. Ce résultat ne pouvait être obtenu qu'en ayant recours à des intermédiaires : c'est le rôle que le législateur a réservé aux Comptoirs agricoles dont l'organisation a été réglementée par un décret du Ministre des finances en date du 1er mai 1884.

Les « Comptoirs agricoles » sont des associations de propriétaires, qui se recrutent elles-mêmes, et qui ont pour mission de distribuer dans les campagnes, sous formes de prêts, les capitaux mis à leur disposition par la « Caisse générale d'épargne ». Afin que la « Caisse générale » n'expose pas l'épargne nationale et soit garantie contre le risque des prêts incertains, aventureux ou mauvais, tous les membres du comptoir sont responsables, vis-à-vis d'elle, et solidairement, des fonds avancés par leur entremise. En compensation ils reçoivent un tantième, fixé au quart, sur les bénéfices provenant des affaires traitées avec leur concours.

II. *Du Privilège agricole.* — La lourde responsabilité imposée aux membres des comptoirs d'escompte devait avoir une contre-partie ; il fallait de toute né cessité procurer aux nouveaux établissements une garantie sérieuse, efficace, d'un usage plus pratique que les contrats de gage et d'hypothèque ; le législateur de 1884 a créé le « Privilège agricole ».

Ce privilège, qui n'est pas une faveur réservée aux seuls comptoirs d'escompte, mais qui a été organisé d'une manière générale en vue des prêts consentis aux agriculteurs, est soumis à diverses conditions qui le rapprochent notablement de l'hypothèque.

Tout d'abord, l'existence du nouveau privilège est subordonnée à la qualité du débiteur et non plus à la qualité de la créance. La pensée du législateur belge était bien de limiter le privilège agricole aux « prêts faits dans l'intérêt de l'agriculture » ; mais, la preuve que les fonds empruntés avaient été effectivement employés à un usage agricole lui a paru si compliquée soit à organiser soit à administrer, qu'il a renoncé à cette exigence et admis que tout prêt consenti à un agriculteur serait réputé fait dans un intérêt agricole.

Sous un autre rapport, le privilège agricole se distingue profondément des privilèges ordinaires : il n'a

pas sa source dans la loi elle-même, mais exclusivement dans la volonté des parties ; il est conventionnel
au lieu d'être légal. La loi de 1884, en effet, n'attribue
pas le privilège qu'elle organise à quiconque prête aux
agriculteurs, elle autorise seulement, en pareil cas, la
constitution du privilège : celui-ci doit être consenti de
façon expresse par le débiteur, et stipulé dans l'acte
d'obligation.

Le privilège agricole présente une autre particula-
rité, qui dérive au surplus de son caractère conventionnel, il peut grever tous les objets qui sont affectés
au privilège du bailleur, tels que le bétail, les récoltes,
le mobilier, les instruments servant à l'exploitation de
ja ferme ; mais il ne les atteint pas en bloc et de plein
droit. Il est, au contraire, limité aux seuls objets mentionnés dans l'acte de prêt, qui doit faire connaître
leur nature et leur valeur.

Indépendamment d'un droit de préférence, ce privilège assure au prêteur un certain droit de suite (art. 7),
qui s'exerce dans les mêmes conditions que celui attaché au privilège du bailleur, c'est-à-dire dans le
délai de quarante jours à partir du déplacement des
objets.

Enfin, le privilège agricole, comme les privilèges
spéciaux sur les immeubles et comme les hypothèques,
doit être rendu public ; il est inscrit en même temps
que l'acte de prêt, sur un registre tenu à cet effet par le
receveur de l'enregistrement, dans le ressort duquel

est situé le domaine exploité par le débiteur. La date
de l'inscription fixe le rang du privilège, soit entre les
divers créanciers nantis d'un privilège agricole, ceux-
ci ne concourant pas entre eux, soit, si l'emprunteur
était un propriétaire cultivant son propre fonds, entre
ces créanciers privilégiés et les créanciers hypothécaires qui ont aussi un droit de préférence sur certains objets, tels qu'animaux et ustensiles, déclarés
immeubles par destination: dans ces deux cas, l'inscription la plus ancienne, quelle qu'elle soit, hypothécaire ou privilégiée, prime la plus récente.

Une autre hypothèse restait à prévoir: celle où le
débiteur, qui a constitué un privilège agricole, est fermier des fonds qu'il cultive, comme les animaux et les
ustensiles aratoires, dont il a garni la ferme, n'ont pas
alors le caractère d'immeubles par destination et ne
sont pas susceptibles d'hypothèque, le conflit ne saurait se produire avec des créances hypothécaires;
mais il peut exister entre le privilège agricole et le
privilège du bailleur. Le législateur de 1884 dispose
que le privilège du bailleur reste préférable et aura la
priorité; mais il en a restreint l'étendue aux fermages
de trois années échues et de l'année courante, afin que
son importance n'enlevât pas tout crédit au fermier, et
que son exercice ne rendît pas la garantie donnée au
prêteur tout à fait illusoire.

Tel est, dans son ensemble, le système belge en
matière de crédit agricole. Si ingénieux qu'il fût, il n'a

produit aucun résultat. La grande majorité des propriétaires ne voulant pas s'exposer aux dangers d'une
responsabilité sans limites, a refusé son concours sur
lequel on avait compté ; les comptoirs d'escompte n'ont
pu s'établir. L'insuccès de la réforme a donc été complet, et, de l'aveu de tous, la loi de 1884 est restée lettre morte.

Section V. — Italie.

L'agriculture est la principale fortune de l'Italie ;
aussi la prodigieuse misère du paysan y préoccupait de
bonne heure l'opinion publique, en même temps qu'elle
s'imposait à l'attention des hommes d'État. De nombreux efforts ont été faits pour remédier à cet état de
choses lamentable : les uns émanent du pouvoir légis-
latif, les autres sont dûs à l'initiative privée (1).

§ 1. — Travaux Législatifs

Première Période. — Après les événements de
1860, le premier acte du Gouvernement en faveur de
l'agriculture fut d'organiser le Crédit foncier. Une loi
du 14 juin 1866 confia ce service à diverses institutions de
crédit déjà existantes, auxquelles elle concéda le droit
d'émettre des obligations foncières « cartelle fondiarie »
pour une somme égale au montant de leurs créances

1. Durand, Cr. agr. p. 437 à 483.

hypothécaires. Mais cette loi, si elle a procuré des capitaux aux grands propriétaires, n'a été et ne pouvait
être d'aucun secours pour les classes rurales. Le Gouvernement sut promptement s'en convaincre, et pré-
para sur le crédit agricole un projet qui est devenu la
loi du 21 juin 1869.

La loi de 1869 a autorisé la formation de sociétés et
de syndicats ayant exclusivement pour objet des opérations de crédit agricole, mais elle a entouré ces établissements d'un tel luxe de précautions qu'elle les a
condamnés à un insuccès certain. Nous signalerons
seulement deux de ces exigences. La première consistait dans l'interdiction, faite aux établissements de
crédit agricole, d'escompter ou d'accepter des effets
à plus de trois mois d'échéance: c'était imposer une
condition, consacrée par l'usage en matière commerciale, mais susceptible d'être écartée d'après le droit
commun, et contre laquelle il eût mieux valu réagir
pour les prêts à faire aux agriculteurs. D'autre part
une heureuse innovation semblait avoir été admise pour
procurer des capitaux aux sociétés nouvelles : le législateur leur donnait la faculté d'émettre des titres de
crédit au porteur nommés *Bons agraires* et payables
à vue. Mais ce privilège était rendu illusoire par l'obligation d'immobiliser : 1° un tiers du capital social sous
forme de rentes italiennes déposées à la caisse des
dépôts et prêts ; 2° un tiers des fonds empruntés, sous
forme de réserve métallique.

Les quelques faveurs, accordées au point de vue de
la fiscalité et de la procédure aux banques agricoles,
ne pouvaient compenser les graves inconvénients de la
loi de 1869. Sa réforme s'imposait. Elle a été en effet
abrogée par la loi du 23 janvier 1887 qui, modifiée par
celle du 26 juillet 1888, est actuellement en vigueur.

Deuxième période. — Au lieu de viser à l'organisation de banques spéciales, la loi de 1887 permet à toutes les banques les opérations de crédit agricole. Elle
s'attache à créer des garanties en harmonie avec la nature des nouveaux prêts, afin de faciliter la diffusion des
capitaux dans les campagnes par la sécurité même de
ces placements.

Les prêts agricoles sont divisés en deux classes :
ceux qui, s'appliquant « à des améliorations agricoles
ou à des tranformations de culture », telles que cons-
truction de bâtiments, desséchements et irrigation,
conduite d'eaux, plantation de vignes ou arbres frui-
tiers, endiguement de fleuves ou torrents, sont contractés pour une longue période de temps, qui ne peut
être ni moindre de trois ans, ni supérieure à trente ans ;
et ceux qui, destinés à d'autres usages, admettent une
plus brève échéance.

Pour les prêts de la première catégorie, la loi de
1887 prévoit qu'une hypothèque aura été constituée
dans les termes du droit commun, et elle complète cette
garantie par une double mesure : 1° par une réduction de moitié sur tous les droits de timbre, d'enregis-

trement et d'inscription, auxquels ces contrats sont soumis ; 2° par un privilège, qui doit être inscrit en marge de l'inscription hypothécaire dont il n'est que l'accessoire, qui porte sur la plus-value donnée à l'immeuble par l'exécution des travaux, et qui prime dans cette mesure toutes les hypothèques antérieures.

Les prêts de la seconde classe, qui nous intéressent davantage, car ils rentrent seuls dans le cercle des opérations du crédit agricole proprement dit, sont garantis par un privilège mobilier, analogue à celui que la législation belge avait déjà consacré. Ce privilège frappe sur les récoltes de l'année, sur les approvisionnements en denrées, sur les cheptels morts et vifs, en un mot sur l'entier mobilier agricole. Sans doute, le contrat peut en restreindre l'étendue à certains meubles déterminés ou à certaines catégories de meubles ; mais, dans son essence, il est général et atteint tous les meubles soumis au privilège du bailleur. Il est attaché, non pas à la qualité de la créance, mais en même temps à la qualité du prêteur, qui doit être un établissement de crédit agricole, et à la qualité de l'emprunteur, qui doit être un propriétaire ou un fermier de fonds ruraux. Il doit, pour être valable, résulter d'un acte écrit, ayant acquis date certaine par l'enregistrement au bureau de la circonscription dans laquelle est situé l'immeuble. Il est inscrit gratuitement sur un registre spécial par le Conservateur des hypothèques, qui délivre gratuitement les certificats. L'inscription doit être renouvelée au bout de trois ans, si non elle est périmée. Le bénéficiaire d'un privilège agricole peut, comme le bailleur d'un fonds rural, procéder pendant quarante jours à la saisie-revendication des meubles déplacés sans son consentement.

La loi italienne, comme la loi belge, prévoit deux hypothèses où le privilège agricole serait en concurrence avec d'autres créances privilégiées ou hypothécaires : — Si le débiteur est fermier, le privilège du bailleur prime le privilège agricole, mais seulement pour les fermages de deux années échues, de l'année courante et, dans le cas où le bail a date certaine, de la première année à venir. Il est à remarquer que cette restriction du privilège du bailleur n'est admise qu'en faveur de l'établissement de crédit agricole, et qu'elle ne profite en aucune manière aux autres créanciers de l'emprunteur : de telle sorte que le bailleur, admis au premier rang pour quatre années de fermage, laisse le second rang à la banque agricole, mais prend la troisième place pour tous les fermages à échoir jusqu'à l'expiration du bail. — Si le débiteur est propriétaire, le privilège agricole de la banque peut porter sur des objets mobiliers qui, étant immeubles par destination, sont également grevés d'hypothèques. Le rang des divers créanciers est alors déterminé, comme en Belgique, par l'ordre des inscriptions : la plus ancienne prime la plus récente. Il n'en serait autrement que dans le cas où les deniers, fournis par le créancier privilégié,

auraient servi à désintéresser des créanciers préférables aux créanciers hypothécaires restants : il se produit alors une subrogation, qui assure à la banque la
priorité. Ce système, très simple en apparence, offre
en pratique d'incontestables difficultés pour déterminer
le rang et l'effet des hypothèques sur les immeubles
par destination, qui d'ordinaire sont aliénés en même
temps que les fonds eux-mêmes et en bloc, et qui se
trouvent affectés au paiement de ces hypothèques et du
privilège agricole : il faudra procéder d'abord à une
ventilation souvent délicate et quelque peu onéreuse,
puis à un ordre double qui n'ira pas sans certaines
complications.

La loi de 1887, complétée sur ce point par un décret
du 27 juin 1888 et une loi du 28 juillet 1888, règlemente dans sa dernière partie, les conditions auxquelles
un établissement de crédit agricole peut, en garantie
des emprunts qu'il contracte, émettre des « *cartelle
agrarie* ». Ce sont des obligations, qui transportent
aux prêteurs de la banque les sécurités que celle-ci
a obtenues de ses débiteurs agricoles. Elles peuvent
donc être de deux espèces : hypothécaires ou privilégiées, suivant qu'elles correspondent aux prêts consentis par la banque pour des opérations à long terme et
avec constitution d'hypothèque, ou aux prêts consentis
pour des opérations de moindre durée avec le bénéfice
du privilège agricole. Malgré cette dualité d'origine et
de caractère, les « *cartelle agrarie* » ne peuvent être

émises que par les établissements qui possèdent des créances hypothécaires pour une somme au moins égale à la moitié du capital versé, s'il s'agit d'une banque agricole ; ou à la moitié du capital affecté aux opérations de crédit agricole, s'il s'agit d'un établissement effectuant parallèlement d'autres opérations de crédit. Toute émission doit être autorisée par le Gouvernement.

En définitive, la loi italienne aurait gagné à être moins complexe. Elle a, dans une série de dispositions, confondu le crédit foncier avec le crédit agricole, et elle a ainsi paralysé l'application de ses meilleures réformes.

§ II. — Institutions dues à l'initiative privée.

Dès le XVII° siècle, des établissements de bienfaisance furent fondés, sous le nom de « *monti frumentarii* », pour fournir des grains de toute nature aux paysans italiens qui étaient si pauvres que, même après la réalisation de leurs récoltes, ils n'avaient plus de quoi se nourrir et ensemencer leurs champs. Ces avances n'étaient cependant pas tout à fait gratuites : le bénéficiaire devait rendre une quantité de grains légèrement supérieure à celle qu'il avait reçue, par exemple une mesure non rasée à la place d'une mesure rasée (1). Avec le temps, un certain nombre de « *monti* »

1. Durand. *Cr. agr.*, p. 484 à 533.— *Annexe*, n° 947, au procès-verbal de la séance du 25 octobre 1890 à la Chambre des Députés, p. 28 à 30.

ayant, par une sage administration, augmenté le capital, que la générosité privée leur avait fourni, en avaient
affecté une partie à des prêts en argent ; ils avaient
établi des caisses spéciales, des « *monti pecuniarii* »,
qui prêtaient de petites sommes pour achats de bétail
ou d'instruments agricoles. Ces utiles institutions, qui
desservaient simplement une commune ou une paroisse,
s'étaient multipliées de toutes parts et s'élevaient,
d'après une statistique de 1878, au nombre de 1465.
Mais la mauvaise gestion ou les fraudes de certaines
administrations municipales, qui en avaient pris la
direction, ont soulevé contre les « *monti frumentarii* » de violentes attaques ; celles-ci ont abouti à
la suppression d'un grand nombre de ces établissements, ou à leur transformation en petites banques
qui, s'étant installées dans les villes, emploient de préférence leurs fonds au profit des ouvriers et des commerçants.

Au surplus, depuis une trentaine d'années, la situation économique de l'Italie s'est profondément modifiée sous l'initiative ardente et généreuse d'un député,
M. Luzatti, qui s'est fait l'apôtre de la coopération.
Frappé des bienfaits répandus en Allemagne par les
« *Vorschussvereine* » de Schulze-Delitzsch, il dépensa
toute son énergie à doter son pays d'institutions analogues. Ses « banques populaires » ont merveilleusement réussi: la première a été fondée en 1866 à Milan ;
il en existait 50 en 1870 ; leur nombre, en 1887, s'éle-

vait à 662, et depuis lors il n'a pas cessé de s'accroître.

Bien qu'il se soit proposé comme modèle les associations de Schulze-Delitzsch, M. Luzatti a repoussé
complètement l'idée maîtresse du système allemand,
la solidarité. La limitation qu'il a admise de la responsabilité des associés a eu pour conséquence inévita-
ble d'enlever une garantie précieuse aux créanciers de
la banque ; il a donc fallu, pour assurer à celle-ci un
crédit immédiat, imposer à tout adhérent le paiement
de sommes assez élevées. D'après les statuts les plus
répandus, tout sociétaire doit verser : 1° une taxe de
cinq francs au moment de son admission ; 2° une
somme mensuelle de cinq francs au minimum, sous
peine d'être déchu de ses droits et de perdre tous les
acomptes soldés si le montant intégral de l'action
souscrite n'a pas été payé dans l'année. Ces conditions
sont trop onéreuses pour la classe pauvre, qui ne
parvient à épargner que lentement et par très petites
sommes : les banques populaires italiennes sont donc
loin d'être aussi démocratiques que les associations
d'avances fondées en Allemagne. Elles exigent ordinairement, même de leurs associés, de bonnes garanties en échange des prêts qu'elles consentent ; cependant, une opération leur est permise, qu'elles effectuent
quelquefois, qui apparaît tout-à-fait comme une bonne
œuvre, mais qui, chose remarquable, ne leur a jamais
causé aucun mécompte, c'est le « prêt d'honneur »,

c'est-à-dire l'avance d'une somme modique faite à un travailleur, qui est sans ressources, mais dont la probité, la sobriété et les habitudes de labeur sont notoires.

M. Luzatti, après avoir fondé les banques populaires, aperçut bientôt l'immense avantage qu'il y aurait à obtenir le concours des caisses d'épargne pour seconder leur action. En Italie, les caisses d'épargne n'ont aucune attache avec l'Etat ; elles sont municipales ou privées, et font fructifier à leurs risques et périls les fonds qu'on leur confie. La plupart d'entre elles se livraient à des opérations de banque et de crédit foncier ; un très petit nombre, la caisse d'épargne de Bologne par exemple, employaient quelques disponibilités en prêts agricoles. Mais, comme le disait M. Luzatti au congrès des banques populaires à Florence : « Le « crédit agricole peut être fait avec sécurité par les éta-« blissements qui opèrent sur place ; il est difficile « pour les caisses d'épargne, grandes ou petites, qui « doivent rechercher principalement la sécurité absolue, « et n'ont pas la mission de faire du crédit populaire « et personnel... La caisse d'épargne de Bologne a « senti son impuissance à pénétrer ces subtiles vais-« seaux de l'organisme agricole, dans lesquels le cré-« dit doit circuler pour vivifier toujours davantage « l'agriculture ; elle a senti son impuissance, parce « que ce n'est pas une caisse d'épargne urbaine qui « peut et doit se mettre en rapport direct avec des « agriculteurs inconnus et habitant loin de son siège.

« Elle doit se mettre en relations avec les établisse-
« ments de moindre importance qui cultivent la clien-
« tèle de ces classes peu aisées qui demandent le cré-
« dit et l'obtiennent par la Mutualité ». Ces établissements de moindre importance, destinés à servir de
lien, de trait d'union entre les caisses d'épargne et
les travailleurs de la campagne comme de la ville,
M. Luzatti a pensé avec raison que ce devraient être
les banques populaires coopératives. Son système, mis
en pratique, a été consacré par le plus entier succès.
Les banques populaires locales, qui doivent à la sagesse
de leur administration un crédit et une solidité incon-
testés, sont en mesure d'apprécier exactement la solvabilité des emprunteurs et de juger de l'opportunité
des prêts ; lorsqu'elles endossent un effet, elles offrent
par leur signature une garantie parfaite ; les caisses
d'épargne peuvent donc sans danger réescompter leur
portefeuille et jouer ainsi le rôle, qui est attribué en
Allemagne aux caisses centrales, et que la Belgique
réservait à la caisse générale d'épargne et de retraites.

Mais, ainsi que nous l'avons expliqué, les « banques
populaires » ne peuvent rendre service, dans les campagnes comme dans les villes, qu'aux personnes jouissant d'une aisance relative : beaucoup de paysans,
comme beaucoup d'ouvriers, sont incapables d'économiser en dix mois la somme toujours supérieure à cinquante francs qu'ils sont tenus de verser à l'association ; pour eux, il n'y a de ressource possible que dans

une société en nom collectif, dont tous les membres apportent, à défaut de capital, leur garantie personnelle, solidaire et illimitée. Les Italiens l'ont compris. Vers 1882, M. Keller, étonné de ne point rencontrer en Italie des associations semblables aux « *Darlehens-kassen* », s'efforça de les y introduire. Il fut merveilleusement soutenu dans sa tâche par le Dr Leone Wollemborg, qui parcourut les campagnes avec tout le dévouement et tout le zèle d'un apôtre, expliquant le mécanisme des caisses Raiffeisen, rassurant les paysans sur les conséquences de la solidarité, triomphant enfin de toutes les difficultés et de toutes les résistances par sa parole chaude, convaincue, entraînante et communicative. La première « Caisse rurale » fut fondée en 1883, à Loreggia, petite commune des environs de Padoue. En 1884, il en existait quatre nouvelles. Leur nombre était de vingt-sept en 1887, et s'était en 1890 élevé à quarante-quatre.

Les caisses rurales italiennes n'ont de différences avec les caisses rurales allemandes que dans certains détails. La principale est la suivante : pour les prêts à longue échéance, les caisses italiennes exigent toujours des billets à ordre à trois mois, de façon à ce que l'emprunteur, contraint de demander tous les trimestres une prolongation ou un renouvellement, acquitte régulièrement les intérêts échus et s'applique en même temps à amortir sa dette par des paiements partiels. En second lieu, pour les prêts à court terme, c'est-à-dire d'une durée n'excédant pas deux années, elles peuvent se contenter de la seule signature de l'emprunteur, sans avoir à exiger la garantie supplémentaire d'une caution, d'un gage ou d'une hypothèque.

Les caisses de prêts italiennes poursuivent d'ailleurs, avec le même succès que les caisses Raiffeisen, l'amélioration de la condition morale des associés aussi bien que de leur condition matérielle : de nombreux témoignages en ont à ce double point de vue proclamé les bienfaits.

Section VI. — *Portugal.*

Malgré les invasions, les révolutions, les guerres civiles qui ont au cours de ce siècle désolé le Portugal, les classes rurales y jouissent d'une aisance inconnue ailleurs et s'y procurent avec une facilité relative les capitaux dont elles ont besoin (1).

L'un des éléments de ce crédit résulte de l'usage fort répandu du bail emphytéotique, que le code civil de 1867 a très sagement conservé et réglementé dans soixante-neuf articles. L'emphytéote, ayant un droit réel sur l'immeuble qu'il détient, est admis à hypothéquer le fonds pour tout ce qui excède la valeur représentant la rente due au propriétaire et un cinquième en

1. Durand, *Cr. agr.* p. 604 à 626.

sus. Il offre ainsi une garantie sérieuse à ses créanciers et trouve sans trop de peine un prêteur. Malheureusement il est presque toujours obligé de s'adresser à une de ces nombreuses « *banques privées agricoles* » qui couvrent le pays, ont des frais généraux excessifs pour leurs chiffres d'affaires, exigent des intérêts et des courtages exagérés, et dissimulent à peine leur caractère d'associations d'usuriers.

A côté de ces banques privées, il existe, il est vrai, quelques « *banques agricoles et industrielles* » que le législateur, à la suite des mesures prises en 1861 contre les établissements de mainmorte, avait autorisé ces corporations à fonder avec les capitaux provenant de la vente de leurs immeubles ; mais ces banques sont très rares et ont une action absolument insuffisante.

A peine est-il besoin de mentionner que le Code de commerce, publié en 1888, s'est occupé des « *Sociétés coopératives* » et a consacré l'un de ses chapitres à définir leurs obligations et leurs privilèges. Malgré la latitude qu'il laissait d'adopter les types les plus divers, aucune association de ce genre ne s'est fondée en vue des intérêts agricoles. Le crédit est donc resté peu accessible aux petits cultivateurs, fermiers ou métayers. La situation a été assez exactement résumée dans ces mots : « En Portugal, le propriétaire a du crédit, mais non le « travailleur ».

Nous devons cependant signaler une institution juri-

dique originale, qui contribue à donner quelque crédit aux cultivateurs : on l'appelle la « *Société familiale* ». Cette Société, qui s'établit soit entre un père
et ses enfants majeurs, soit entre frères, peut être
« expresse ou tacite ; l'article 1282 du code civil portugais la fait résulter de ce fait « que les intéressés
« ont vécu pendant plus d'une année en communauté
« de table et d'habitation, de recettes et de dépenses,
« de pertes et de gains ». La plupart des familles agricoles forment ainsi une association légale, qui a des
droits reconnus et des obligations précises. La société
familiale acquiert l'usage et les revenus des biens des
associés, le produit de leur travail et de leur industrie,
et les biens indivis entre eux. Elle a à sa charge les
dépenses d'entretien, les dettes contractées pour l'a-
vantage commun, les avances et dépenses ordinaires
de culture, les dépenses extraordinaires faites sur les
biens indivis, ainsi que les charges inhérentes à l'usufruit des biens dont le revenu lui appartient. Ces dettes sont garanties, d'abord par le patrimoine social, puis
par la responsabilité solidaire des associés. Ce sont là
des conditions de sécurité, que le prêteur ne rencon-
trerait pas en dehors de la société familiale, et qui
procurent quelques capitaux à l'agriculteur portugais.
Mais ces petites associations de famille ne sauraient
jouer un rôle influent : il faut, comme dans les sociétés allemandes et italiennes, une organisation large,
volontaire, convenue entre tous les intéressés, pour

assurer à la solidarité toute sa force et tout son développement.

Section VII. — *Amérique.*

Tandis que la vieille Europe s'évertue et travaille à
découvrir le meilleur système de crédit agricole, il est
curieux de porter les regards du côté du Nouveau-
Monde, qui l'inonde de ses produits, et dont la rivalité
s'est dressée menançante et redoutable. Le contraste
est frappant (1).

En Amérique, les cultivateurs, qui presque tous
sont des propriétaires, et dont la grande majorité possède des domaines de moyenne étendue, n'ont généralement pas de capitaux suffisants pour les besoins de
leur exploitation, mais ils en trouvent sans aucun em-
barras. D'abord ils peuvent recourir au contrat d'hypothèque, qui est un acte courant et des plus simples :
il suffit, pour grever un immeuble, de remplir les
blancs d'une formule imprimée, et les employés de

1. Note sur le crédit agricole mobilier, rédigée et publiée
en juillet 1880 par ordre de M. le Ministre de l'agriculture et
du commerce, p. 81 et 82, 575 à 599. *Bulletin de la société de
législation comparée*, 1890, p. 151 à 169 ; 222 à 229. (Discussion entre MM. Lemire, Léveillé et Bureau). Dalloz, *Rép.
Sup.*, v° *Vente publique d'immeubles*, n° 7, *Revue d'économie
politique*, 1894, p. 701.

banque, les pharmaciens, tous les citoyens qui ont obtenu du gouvernement local le diplôme de *notary public*, authentiquent les signatures moyennant un honoraire insignifiant. En second lieu, les banques sont accessibles à tous ; elles traitent l'agriculteur comme le commerçant, et lui prêtent aux mêmes conditions, d'habitude moyennant une garantie, parfois cependant sans garantie spéciale si l'emprunteur est connu par son activité, sa prudence, son exactitude à remplir ses engagements. L'usage, d'ailleurs, n'est pas que les banques traitent directement avec les agriculteurs : ceux-ci s'adressent à des intermédiaires, commissionnaires ou courtiers, qui leur envoient des instruments, des engrais ou des fonds, qui stipulent la consignation de la récolte dès qu'elle aura été cueillie ainsi que le droit pour eux d'en opérer la vente, et qui reçoivent une rémunération de 15 1/2 p. 0/0 pour intérêts, commission et frais. Aussi le Consul de France à New-York écrivait-il le 20 janvier 1880 (1) : « Les cultiva- « teurs ne se plaignent pas du manque de crédit ; le « crédit n'est au contraire que trop facile à obte- « nir ».

Il semblerait dans ces conditions que les législateurs américains aient voulu modérer l'ardeur des capitalistes et protéger les emprunteurs contre de trop faciles entraînements, lorsqu'ils ont créé le « homestead ».

1. Note précitée du Ministère de l'Agriculture, p. 584.

Mais, en réalité, ce sont des considérations d'ordre
politique et d'intérêt général qui ont inspiré cette institution, dont nous allons signaler les principaux traits,
puisqu'un mouvement s'est produit depuis 1894 (1) qui
tend à introduire en France, sous le nom de « homestead », l'insaisissabilité de la petite propriété foncière.

Le mot « homestead », entendu dans son acception
la plus commune, désigne la surface de terres publiques, variant entre 80 et 160 acres (2), que le Gouvernement de Washington est autorisé, par une loi fédérale
de 1862, à concéder gratuitement (3) à toute personne,
qui promet d'effectuer sur son lot, dans une période
de cinq années, certains travaux de défrichement et de
culture. A l'expiration de ce délai, le concessionnaire,
qui a tenu son engagement, obtient un titre de propriété définitif : jusqu'à ce moment l'immeuble, ne lui
appartenant pas, ne peut être ni aliéné, ni hypothéqué
ni saisi.

A côté de cette législation générale, il existe dans

1. Projet de loi de M. Léveillé en 1894 ; Projets de loi de
M. l'abbé Lemire déposés, le 1er en 1894, le 2e à la séance de
la Chambre des Députés du 23 juin 1898.

2. Ce qui représente de 32 à 64 hectares environ. Une acre
vaut exactement 40 ares 46.

3. Le seul paiement à faire consiste en un droit insignifiant, qui est de 18 à 22 dollars.

la plupart des Etats de l'Union américaine (1) une loi
qui met à l'abri de l'expropriation les petites propriétés, urbaines ou rurales, servant à l'habitation de la
famille : on l'appelle « *the homestead exemption law* »
la « *loi sur l'exemption du foyer domestique* ». Elle a fait
son apparition en 1839 au Texas, et elle s'est promptement répandue dans les territoires voisins, car elle
présentait partout un double avantage : elle favorisait
la mise en état et l'exploitation d'immenses terrains à
défricher, où il était nécessaire d'attirer et de fixer les
colons ; elle affermissait en même temps les bases de
la grande démocratie américaine, qui trouvait dans le
développement de la petite propriété un très sérieux
appui.

Le « homestead », pris avec cette seconde signification qui est celle sous laquelle il est connu en France,
a été l'objet de la part de notre professeur, M. Saleilles, d'une étude (1) approfondie, originale et vivante, à
laquelle nous empruntons cette définition ou plutôt ce
tableau : « Le home, ce n'est pas une maison banale,
« c'est le siège d'une famille, le foyer familial. Les Amé-
« ricains l'ont mis à l'abri de la saisie. Ce bien de fa-
« mille insaisissable, c'est ce qu'on appelle le home-

1. Cinq Etats seulement font exception : le Rhode-Island,
le Delaware, la Pensylvanie, l'Orégon et le district de Co-
lombie.

« 1. « *Le homestead aux Etats-Unis* », conférence faite par
M. R. Saleilles à Dijon, le 5 décembre 1894.

« stead, c'est-à-dire le siège matériel où se trouve le home
« familial. Le home, c'est le foyer vu de l'intérieur ; le
« homestead, c'est le foyer vu de l'extérieur, c'est-à-
« dire l'établissement matériel où vit la famille et les ter-
« res qui en sont comme la dotation nécessaire. Voilà
« le sens primitif. Puis, dans la langue juridique, le mot
« homestead a fini par désigner ce privilège d'insaisissa-
« bilité, en vertu duquel la demeure de la famille et
« une certaine étendue de terres qui en dépendent
« échappent aux créanciers ».

Trois conditions sont requises, pour que le déten-
teur d'un immeuble soit admis à se prévaloir des dispositions exceptionnelles et privilégiées du « *homestead* ».
Il faut : 1° Avoir un droit, de propriété ou d'usufruit,
sur un bien immobilier, servant d'habitation, qu'il soit
ou non entouré de terres cultivées ; 2° Etre chef de
famille, « *head of family* », c'est-à-dire avoir autour
de soi des personnes de sa famille dont on a la charge :
ce qui s'entend, non-seulement du père ou de la mère
vivant avec ses enfants, mais d'un frère, d'un oncle,
d'un tuteur, qui a recueilli ses frères, ses neveux ou
ses pupilles ; 3° Habiter, avoir une résidence effective
sur le fonds, qui doit être réellement le foyer, le refuge,
le « *home* » de la famille. Cette occupation « *occu-
pancy* » est généralement considérée comme une mesure
de publicité suffisante ; quelques Etats cependant exigent, en outre, qu'une déclaration faite sur un registre
spécial, vienne avertir les tiers de l'immunité dont est

frappé tout ou partie d'une propriété immobilière.

L'établissement du « *homestead* » sur un immeuble a pour effet de le soustraire à l'action des créanciers chirographaires, de tenir en échec leur droit de saisir. Mais cette insaisissabilité ne dure, qu'autant que toutes les conditions requises par la loi se trouvent maintenues ; en outre, elle est restreinte à une propriété, dont l'importance est fixée soit en valeur, de 500 à 5000 dollars, soit en étendue, d'un demi-acre dans les villes et d'un certain nombre d'acres dans les campagnes.

Enfin, si le législateur américain a voulu assurer un foyer, un asile, à la famille du citoyen, qui dépense son activité et son énergie aux batailles de la vie, et qui, riche un jour, peut être pauvre le lendemain, il n'a cependant pas songé à priver le chef de famille du droit d'aliéner ou du droit d'affecter à la garantie d'un emprunt, le fonds protégé par le « *homestead* » : il exige seulement, lorsque le propriétaire est marié, le concours de sa femme à l'acte d'aliénation ou d'hypothèque. Comme le dit excellemment M. Saleilles : « Le « homestead » n'est pas l'inaliénabilité, ce n'est pas un « régime dotal au profit de la famille, ce n'est pas un « petit majorat démocratique ; il peut être vendu... « C'est un privilège au profit de la famille, par préfé- « rence aux créanciers (1) ».

1. Nous trouvons dans l'important ouvrage de M. Bureau sur le Homestead, p, 185 et suiv. un certain nombre de pro-

CHAPITRE III.

Le Crédit agricole en France.

Si le zèle, l'ardeur, la persévérance des bonnes volontés avaient pu, à travers l'infinie variété des projets

cédés employés en Amérique pour empêcher la misère dans
la famille et que nous croyons intéressant de signaler à
côté du *Homestead*. Ce sont : 1°) L'assurance sur la vie contractée ordinairement par le mari au profit de sa femme,

2°) La création par un chef de famille d'une société anonyme, dont l'importance est souvent minime ; il se fait nom-
mer directeur « *manager* » ce qui s'explique parce qu'il est
possesseur de toutes ou de presque toutes les actions. De cette façon le manager est assuré de limiter ses obligations au
montant du capital engagé dans son affaire, les créanciers
ne pouvant évidemment avoir de recours que sur l'actif de
la société.

3°) Un procédé d'une pratique journalière consiste dans
le transport effectué par le mari de tout ou partie de ses
biens immobiliers sur la tête de sa femme. Cette opération
qui, si elle a lieu en France, y est plutôt l'indice de mauvai-
ses affaires, s'explique très bien en Amérique où la femme
n'a pas de dot. De cette façon elle devient propriétaire ex-
clusive d'une fortune qui la met à l'abri des risques auxquels
sont exposées les affaires de son mari,

et le chaos des systèmes, faire prévaloir une doctrine
et en assurer la saine application, il y a longtemps que
la France serait dotée des meilleures lois et des plus par-
faites institutions en matière de crédit agricole. Ses économistes, ses hommes d'Etat, ses publicistes se sont
dès 1837 occupés sans trêve de la question, et l'ont
examinée sous toutes ses faces. Leurs efforts cependant
sont restés stériles pendant un demi-siècle ; il y a dix
ans à peine que les premières étapes ont été franchies,
que les premiers pas ont été faits vers une solution (1).

Pour organiser le crédit agricole, il faut procéder à
une double opération : d'une part, rechercher et fonder
l'institution qui se prête le mieux à son fonctionnement ;
d'autre part, modifier les articles de la législation civile ou commerciale qui constituent une entrave à son
développement. Nous allons envisager la difficulté successivement sous ces deux aspects.

Section I. — *Des institutions de crédit agricole.*

La première idée qui se manifesta en France fut
qu'un grand établissement financier spécial pouvait
seul dispenser le crédit nécessaire aux agriculteurs.

A la suite d'un vœu, qui avait été émis en 1840 par
le Conseil général de l'Agriculture, des Manufactures

---

1. Dalloz, Sup., t. 16, v° *Sociétés de Crédit foncier*, n°ˢ 97 à
105. — Durand, *Cr. agr.*, p. 634 à 683.

et du Commerce, qui avait été renouvelé en 1845 et en 1850, qui avait été en 1853 appuyé par un vote des Chambres consultatives d'agriculture, et qui tendait à la création d'institutions de crédit agricole, une enquête avait été faite et une commission, dite de 1856, avait été constituée. Conformément à l'une de ses propositions, le Gouvernement avait approuvé, par une loi du 28 juillet 1860,la constitution d'une « Société du Crédit agricole ».Cet établissement,dont le capital fut porté de 20 à 40 million s, avait pour objet de favoriser l'industrie agricole et les industries connexes. Pour cela, il devait escompter les effets des agriculteurs munis de deux signatures, pourvu que l'une de ces signatures fût celle d'un correspondant accrédité auprès de lui, banquier ou agence locale. Mais ces succursales et ces correspondants étaient installés dans les villes, ils ne connaissaient pas les agriculteurs, ils n'étaient pas connus d'eux, et, incapables de rendre aucun service à la petite et à la moyenne culture, ils n'avaient que la clientèle très limitée des grands propriétaires. Aussi en présence des difficultés qu'elle rencontra pour placer ses fonds en conformité de ses statuts, la Société du Crédit agricole s'était lancée dans des opérations aventureuses ; elle y sombra. En 1876, le Crédit foncier, qui l'avait patronnée, se chargea de sa liquidation.

Dès 1863, l'insuffisance et l'insuccès de la Société du crédit agricole avaient été officiellement constatés, et l'intervention de l'Etat en pareille matière avait été jugée dangereuse. Aussi la Nouvelle Commission, désignée en 1866 pour ouvrir une enquête agricole, avait-elle adopté des conclusions diamétralement opposées à celles de sa devancière, et déclaré qu'il fallait « laisser à l'in-« dustrie privée le soin de créer les institutions de « crédit agricole ».

Tel fut également également l'avis d'une troisième Commission, qui avait été instituée en 1880, et qui, avant de se prononcer, avait eu à apprécier les résultats d'une vaste enquête poursuivie à l'étranger en même temps qu'en France.

Le principal enseignement qui se dégage de l'ensemble de ces travaux, c'est que le crédit agricole doit avoir une autre base que l'association des capitaux, qui a un médiocre souci des intérêts des cultivateurs; c'est que le crédit agricole est subordonné à l'existence de relations personnelles, directes, entre le prêteur et l'emprunteur, et que le meilleur, l'unique moyen de faire naître et d'entretenir ces relations consiste à favoriser et à multiplier la création de sociétés locales qui, mises en prepétuel contact avec les agriculteurs, savent discerner ceux qui sont dignes de crédit, ceux dont elles peuvent accepter la signature et escompter les effets.

Malheureusement ces Sociétés locales, que nous avons vues si prospères à l'Etranger, si nombreuses et si écondes en Italie et en Allemagne, ont éprouvé à se développer en France une difficulté qu'on ne saurait méconnaître, et qui peut être attribuée à diverses causes.

Nous en signalerons deux.

I. — L'une provient de l'organisation des Caisses d'épargne françaises, qui draînent, au profit du Trésor, toutes les économies populaires (1). Celles-ci qui partout ailleurs constituent les ressources habituelles d'une association mutuelle ou coopérative de crédit, sont en France attirées fatalement par les caisses d'épargne qui, toutes, qu'elles soient privées ou publiques, sont placées sous la surveillance de l'Etat, jouissent de sa garantie, et ont servi parfois aux déposants un intérêt supérieur au cours du marché.

Cependant une notable amélioration s'est produite. Une théorie, dite du « libre emploi » avait pris corps et rencontré au sein du Parlement des partisans assez nombreux. Dès le 21 novembre 1885, M. Hubbard avait déposé une proposition de loi tendant à la liberté à peu près complète des caisses d'épargne. En 1886, M. Sadi-Carnot, alors ministre des finances, avait présenté un projet réduisant le maximum des dépôts et accordant une plus grande liberté de placement des fonds déposés. En 1887, M. Lockroy avait réclamé la liberté d'emploi des fonds pour les caisses d'épargne et demandé que ces fonds pûssent servir à la création d'un

1. Duran *Cr. agr.*, p. 765 à 783. *Lois Nouvelles*, 1895, 1ʳᵉ p., p. 367 à 455.

Crédit populaire. Toutes ces propositions, après l'expiration de la législature, avaient été reprises par leurs auteurs et déposées à la séance de la chambre des députés du 14 décembre 1889. Elles furent examinées en même temps qu'un nouveau projet de loi, présenté le 20 mai 1890, au nom du Gouvernement, par MM. Jules Roche, Ministre du commerce, et Rouvier, Ministre des finances, et portant sur le fonctionnement administratif, sur les relations des Caisses d'épargne avec la Caisse des dépôts et consignations, et sur les moyens d'alléger la situation. Après de longs débats à la Chambre et au Sénat, une solution transactionnelle est enfin intervenue et a abouti au vote de la loi du 20 juillet 1895.

La loi du 20 juillet 1895 a admis trois réformes, qui nous intéressent et qui sont avantageuses :

1° Le compte ouvert à chaque déposant, qui précédemment pouvait s'élever à 2000 francs, ne peut plus dépasser le chiffre de 1500 francs (art. 4) .Une certaine portion des capitaux d'épargne est ainsi remise ou laissée dans la circulation.

2° L'intérêt, servi aux caisses d'épargne par la caisse des dépots et consignations, est déterminé désormais par le revenu des valeurs du portefeuille et du compte courant avec le trésor (art. 5), et il a été fixé par le décret du 28 octobre 1895 à 3 fr.25 pour 0/0 pour les Caisses d'épargne ordinaires, et à 2 fr.50 pour 0/0 pour la caisse d'épargne postale. Il en résulte que l'in-

térêt, servi aux déposants, n'atteint plus le taux élevé
et excessif d'autrefois ; il n'est plus que de 2 fr. 50 à
2fr. 75 pour 0/0, les Caisses d'épargne ayant certains
prélèvements à opérer.

3° Les caisses d'épargne sont autorisées, (et c'est en
cela que les idées décentralisatrices ont fait sentir leur
influence), à employer la totalité du revenu de leur
fortune personnelle et le cinquième du capital de cette
fortune en valeurs locales, émanant d'institutions
créées dans le département où elles fonctionnent, et,
notamment, en prêts aux sociétés coopératives de crédit ou à la garantie d'opérations d'escompte de ces
sociétés (art. 10).

II. — La seconde circonstance que nous voulions re-
lever, pour expliquer l'insuccès en France des associations de Crédit agricole, est tirée du défaut, ou tout au
moins de l'insuffisance de l'éducation économique. Le
but que l'on se propose est d'élever les travailleurs
par eux-mêmes, au moyen de cette grande force qui
résulterait de leur union. Pour l'atteindre, il faut convaincre les intéressés, en leur enseignant quelles sont
les vertus de la solidarité, quels avantages considérables elle procure, et, en même temps, combien sont
excessives les craintes qu'elle inspire et exagérés les
dangers qu'elle évoque, alors surtout qu'elle n'existe
qu'entre un nombre restreint de producteurs qui se
jugent et se surveillent. Malgré l'exemple si instructif
de Schultze-Delitzsch et de Raiffeisen en Allemagne,

de Luzzatti et de Wollemborg en Italie, cette œuvre, pourtant généreuse, n'a été, en France, que tardivement entreprise.

Mais avant 1893 les associations agricoles de crédit étaient extrêmement rares. Celles qui existaient, par exemple à Saint-Florent-sur-Cher, à Poligny et à Senlis, organisées d'après les principes de la coopération ; avaient une situation tout-à-fait modeste, pour ne pas dire précaire, et elles auraient eu quelque peine à fonctionner si elles n'avaient pas obtenu le concours plus ou moins direct de la bienfaisance. C'est en présence de ce fâcheux état de choses que le 10 mai 1890 M. Méline avait déposé une proposition de loi, qui tendait « à l'organisation du crédit agricole et populaire », et que la Chambre des députés avait adoptée en première et deuxième délibérations dans ses séances des 11, 16, 18 et 20 juin 1892 et dans celle du 29 avril 1893. Mais le projet, qui avait pour effet de donner à tous les syndicats professionnels la faculté de se transformer en Sociétés de crédit, subit au Sénat, les 27 avril et 21 mai 1894, de sérieuses modifications : sa portée fut limitée à la création de sociétés agricoles seulement, et ce ne fut plus aux syndicats eux-mêmes, mais aux syndiqués agissant personnellement, que fut concédée l'autorisation de s'organiser en sociétés de crédit agricole du nouveau type. La Chambre se résigna, le 27 octobre suivant, sur le rapport de M. Jean Codet, à voter purement et simplement le texte ainsi remanié, qui devint la loi du 5 novembre 1894 relative à la « création de Sociétés de crédit agricole » et qui déroge, non plus à la loi du 21 mars 1884 sur les syndicats professionnels, mais à la loi du 24 juillet 1867 sur les sociétés (1).

Le mouvement ne s'est dessiné qu'en 1893, lorsque quelques caisses rurales se sont fondées sous les auspices de M. Louis Durand, grâce à son active propagande et à son infatigable concours. Ces caisses, semblables au moins dans leurs grandes lignes aux caisses allemandes de Raiffeisen, sont établies dans une commune, souvent entre les paysans seuls, et elles sont administrées gratuitement par quelques-uns de leurs membres. Au lieu d'être des sociétés anonymes à capital variable comme les coopératives, elles sont des sociétés en nom collectif et à capital variable, régies par le titre III de la loi du 24 juillet 1867. plus

1. — Annexe n° 2036, au procès-verbal de la séance du 2 avril 1892, à la Chambre des députés : Rapport de M. Mir. — Annexe n° 43 au pr. v. de la séance du 13 mars 1894, au Sénat : Rapport de M. Labiche. — Annexe n° 787, au pr. v. de la séance du 7 juillet 1894, à la Chambre des députés : Rapport de M. Codet. — *Lois Nouvelles*, 1895, 1re p., p. 110 à 155. — *Gaz. Pal. Rép.* t. XI, vo Sociétés nos 1090 à 1111. — Dalloz Rép. *up.*, t. 16 v. *société de crédit foncier*, n. 121 à 152.

soùvent que par celle du 5 novembre 1894 (1). M. Durand a retracé en termes ardents et convaincus l'origine de ces caisses dont il est le fondateur, le développement rapide qu'elles ont pris, et l'avenir prospère qu'il est permis d'entrevoir (2). En même temps, dans cette conférence qui avait lieu en 1895 à Bordeaux, il a cité quelques chiffres pleins d'éloquence : en deux ans, il avait obtenu 316 adhésions de caisses rurales ; au bout de ce très court laps de temps, une statistique générale avait été publiée, 72 caisses avaient pu y prendre part et elles avaient accusé un mouvement d'affaires s'élevant à 335.633 fr. 84 sur lesquels il y avait eu comme perte 29 fr. 38. De pareils résultats portent en eux-mêmes leurs encouragements, et on ne saurait trop louer M. Durand de sa courageuse initiative.

Pénétré de cette idée fort exacte que « pour asseoir « le crédit agricole sur une base solide, il est indis- « pensable de l'organiser par en bas d'abord, et non « par en haut », le législateur de 1894 a pensé que le moyen le plus expéditif et le plus sûr de trouver des hommes impartiaux et compétents, capables de fonder

1. Durand. *Manuel pratique à l'usage des fondateurs et administrateurs des ca sses rurales*, p. 4.

2. Durand. *Les Caisses rurales :* Conférence au congrès de l'union catholique de la Gironde, parue dans la revue des « *Études sociales et économiques* » du 20 décembre 1895, p. 12 à 14.

dans chaque canton, sinon dans chaque commune,
« la banque locale qui constitue le premier anneau de
« la chaîne de crédit » était de s'adresser aux Syndicats agricoles qui ont pris un si remarquable essor,
et d'engager leurs membres, par la concession de certaines immunités, à organiser des associations de crédit agricole d'après les principes de la mutualité.

Pour faire partie d'une société de crédit agricole,
bénéficiant de la dispense qu'elle édicte de payer l'impôt des patentes et la taxe sur le revenu des valeurs
mobilières (art. 4, § 2), la loi du 5 novembre 1894 exige
que tout associé soit membre d'un syndicat agricole ;
mais, cette condition remplie, la totalité ou une partie
des membres d'un ou de plusieurs syndicats peuvent
se réunir et fonder la société. Celle-ci doit avoir exclusivement pour objet (art 1, §§ 1 et 2) de faciliter et
de garantir les opérations, concernant l'industrie agricole, qui sont effectuées par des syndicats ou par des
membres de ces syndicats. Dans cette mesure, elle
peut faire certaines opérations de banque, telles que
recevoir des dépôts en comptes courants, effectuer des
recouvrements, contracter des emprunts ; mais il lui
est interdit de franchir cette limite, sous peine de dissolution le cas échéant, et sous peine pour ses administrateurs d'engager leur responsabilité tant au point
de vue pénal qu'au point de vue civil (art. 6).

La Société de crédit agricole, qui a une personnalité
distincte et indépendante de celle des syndicats, est

une Société commerciale (art. 4, § 1), qui peut être
en nom collectif, en commandite ou anonyme. Elle doit
bannir toute idée de spéculation : aussi lui est-il interdit d'émettre des actions (art. 1, § 3), et de distribuer
des dividendes. Mais elle est libre de se constituer,
soit avec un capital fixe formé au moyen de la souscription de parts d'intérêts, soit sans capital, soit à
capital variable ; et de décider dans ses statuts si la
responsabilité des sociétaires sera limitée ou indéfinie.

C'est lorsqu'elle se constitue sans capital et en offrant
pour garantie la responsabilité solidaire et illimitée de
ses membres, qu'elle prend une forme nouvelle, une
physionomie toute particulière, qui la distingue des
sociétés commerciales ordinaires, et qui a été le véritable objectif de la loi du 5 novembre 1894 bien qu'elle
n'en ait point expressément parlé. Mais, en France,
jusqu'à ce jour la solidarité répugne au plus grand nombre, et ce moyen, si puissant pour garantir les emprunts qu'elles auraient contractés, échappe aux sociétés de crédit agricole. Quant aux souscriptions de leurs
adhérents, qui sont pour la plupart des laborieux,
des humbles et des petits, elles ne représentent que
de bien minces ressources. Aussi la création des sociétés de crédit agricole a-t-elle rencontré un premier
obstacle dans la difficulté de se procurer le capital
destiné à leur servir de fonds de roulement. Un second
obstacle provient de ce que les effets agricoles sont
d'un placement difficile et onéreux, puisqu'ils sont à

long terme, au moins à neuf mois, et que la Banque
de France n'accepte que des valeurs à 90 jours et mu-
nies de trois signatures ; de telle sorte que les sociétés de crédit agricole se trouveraient dans l'obligation, ou de payer aux banques intermédiaires un intérêt fort élevé, ou de garder pendant six mois leurs
effets en portefeuille avant de les négocier.

C'est pour parer à cette double difficulté qu'une
nouvelle loi a été votée, celle du 31 mars 1899 (1).
Cette loi institue des Caisses régionales de crédit agricole mutuel, destinées à former le second anneau de
la chaîne du crédit, et à servir de trait d'union entre
les sociétés locales et la Banque de France. Elles doivent être constituées d'après les règles édictées par la
loi du 5 novembre 1894, et elles y sont engagées par
l'offre d'une importante subvention (art. 1 et 3) : l'Etat
leur attribue, à titre d'avances sans intérêts, pour une
période de cinq ans susceptible d'être renouvelée, la
somme de quarante millions et la redevance annuelle
que la Banque de France, au moment du renouvellement de son privilège, et en vertu de la convention du
31 octobre 1896, approuvée par la loi du 17 décembre
1897 (art. 18), s'est engagée à verser au Trésor. Ces
fonds devront être répartis entre les Caisses régio-

1. *Journal officiel*, 1ᵉʳ avril 1899, p. 2165. *Lois Nouvelles*
1899, 3ᵉ p., p. 53. *Annexe*, nᵒ 3109, au procès-verbal de la
séance du 9 mars 1898 à la Chambre des députés : Rapport
de M. Jean Codet.

nales existantes par le Ministre de l'agriculture, sur l'avis d'une commission spéciale (art. 4).

Les Caisses régionales, une fois fondées et dotées, doivent (art. 2) favoriser la création et le fonctionnement des sociétés locales. Pour remplir la première partie de leur mission, elles sont autorisées à fournir aux Sociétés locales les capitaux nécessaires à leur fonds de roulement. Elles faciliteront ensuite leur fonctionnement, en escomptant à un taux modéré les effets souscrits par les membres des sociétés locales et endossés par ces sociétés. Il est vrai que les opérations de ce genre ne procureront le plus souvent aucun avantage aux caisses régionales qui, en apposant leur propre signature sur des effets généralement à neuf mois d'échéance, ne pourront les réescompter que pour trois mois à la Banque de France. Mais cet inconvénient doit être supporté sans trop de peine par les caisses régionales, qui n'ont point à réaliser de bénéfices, qui reçoivent de l'Etat un concours pécuniaire, et qui sont autorisées (art. 5) à émettre des bons et à recevoir des dépôts en comptes courants jusqu'à concurrence des trois quarts du montant des effets en portefeuille.

L'attente du législateur sera-t-elle encore une fois déçue? Il serait téméraire de répondre. Mais il est curieux de noter quel a été le résultat immédiat, inattendu, étrange, des deux lois que nous venons d'analyser : c'est la constitution d'un grand établissement financier qui, se présentant sous les auspices de la loi du 5 novembre 1894, a ouvert le 12 octobre 1899 une souscription publique de « *parts d'associés* » ou « *parts agricoles* » donnant droit à un intérêt minimum de 4 0/0 et à une participation aux bénéfices annuels. En vain le Parlement n'avait cessé de protester contre la la création d'une Banque centrale agricole, en vain il avait écarté toutes les propositions qui lui avaient été soumises en ce sens, notamment celle déposée (1) le 12 juillet 1892 au nom du Gouvernement par MM. Develle, Ministre de l'agriculture, et Rouvier, Ministre des Finances, la première tentative due à l'initiative privée est la fondation d'un « Syndicat national du Crédit agricole, pour favoriser le développement de l'Agriculture par la Mutualité, l'Épargne et le Crédit » au capital de quarante millions. Ce ne fut d'ailleurs qu'une tentative : en présence de l'accueil qu'il reçut du public, le syndicat national arrêta son émission le 16 octobre et renonça à se constituer.

SECTION II. — *Des modifications à apporter à la législation dans l'intérêt du Crédit agricole.*

Trois principales réformes législatives, proposées

1. Annexe, n° 2311, au procès-verbal de la séance du 12 juillet 1892, à la Chambre des Députés : Projet de loi ayant pour objet la Création d'une Société de crédit agricole et populaire, et exposé des motifs.

par les grandes commissions de 1866 et de 1880, appuyées en 1868, en 1870, en 1874, par les votes de la Société des Agriculteurs de France,formulées dans divers projets de loi, ont été réclamées avec une égale insistance, mais avec des fortunes diverses, pour favo·riser et augmenter le crédit des agriculteurs (1).

Elles ont trait :

1° à la Commercialisation des effets agricoles ;

2° à la Restriction du privilège du bailleur d'un fonds rural ;

3° à la Constitution d'un gage agricole sans déplacement.

§ I. — De la Commercialisation des effets·agricoles.

L'agriculteur, comme tout non commerçant, est soumis en principe à la juridiction civile pour les engagements qu'il souscrit, quelle qu'en soit la forme. Or, lorsqu'il veut se procurer des capitaux, cette situation lui est tout à fait défavorable. Certains établissements

1. Annexe, n° 407, au procès-verbal de la Séance du 20 juillet 1882, au Sénat : Projet de loi sur l'organisation du crédit agricole mobilier, et exposé des motifs. Annexe, n° 63, au pr. v. de la séance du 6 décembre 1887 au Sénat : Rapport supplémentaire de M. Labiche.Annexe, n° 947, au pr.v. de la séance du 25 octobre 1890 à la Chambre des Députés : Projet de loi de M. Antonin Proust sur *L'organisation du crédit agricole*. Durand, *Crédit agricole*, p. 645 à 650 ; p. 684 à 709.

de crédit se sont interdit par leurs statuts l'escompte
des billets civils. Ceux qui admettent ce genre d'opérations, se montrent exigeants et perçoivent un intérêt et des droits de commission élevés, afin de compenser les inconvénients sérieux auxquels ils s'exposent :
en cas de non-paiement à l'échéance, ils sont obligés,
en effet, d'assigner devant le tribunal de première
instance et de suivre, pour obtenir jugement et pour
le faire exécuter, une procédure lente et coûteuse, qui
peut même être retardée par la concession d'un délai
de grâce ou rendue inutile par l'insolvabilité du débiteur survenue avant la fin des poursuites. Au contraire, la procédure sommaire et rigoureuse de la juridiction consulaire, qui jamais ne permet de différer un
remboursement, est de nature à inspirer confiance aux
prêteurs, en leur assurant une sanction efficace à la
parole donnée, une grande rapidité de jugement et
d'exécution, ainsi qu'une économie de frais considérable. Il y aurait donc à ce point de vue grand avantage
à assimiler l'agriculteur au commerçant.

Pour y parvenir, la Commission de 1866 proposait
d'attribuer aux tribunaux de commerce la connaissance
des actions intentées contre tous propriétaires d'un
fonds rural, tous fermiers ou métayers, qui auraient
signé un billet à ordre ou un mandat ayant pour cause
une dette contractée pour les besoins d'une exploitation agricole. Ce projet de loi, qui fut soutenu par
M. Josseau dans un remarquable rapport, avait été

renvoyé au Conseil d'Etat qui ne put, à raison des évènements de 1870, faire connaître son avis.

Le 20 juillet 1882, MM. de Mahy, ministre de l'agriculture, et Léon Say, ministre des finances, déposèrent au Sénat un projet de loi « sur l'organisation du Crédit agricole mobilier » qui, reprenant les idées antérieurement émises, soumettait à la juridiction commerciale (titre 2, art. 19) tous les engagements consentis par des agriculteurs ou des associations agricoles sous forme de billet à ordre, de chèque, ou même de billet simple, dès que l'obligation avait eu pour cause une opération agricole : les billets à ordre et les chèques souscrits par l'une de ces personnes étaient même censés faits pour les besoins de l'agriculture.

Ce système avait l'inconvénient d'étendre presque sans limites la compétence des tribunaux de commerce, et cependant de permettre aux agriculteurs de discuter cette compétence en offrant d'établir que leur engagement n'avait pas une cause agricole. Aussi la commission sénatoriale avait-elle présenté un contre-projet de beaucoup préférable. S'attachant exclusivement à la forme même du titre, elle proposait d'admettre d'une façon générale que tout « billet à ordre » relevait de la juridiction consulaire, quelle que fût la cause de l'obligation, quelle que fût aussi la qualité du signataire, commerçant ou non-commerçant, agriculteur ou non-agriculteur.

Le Sénat, d'ailleurs, n'a voté ni l'un ni l'autre texte.

Après la discussion générale, qui se poursuivit brillamment les 29 novembre, 30 novembre et 1ᵉʳ décembre 1883, il renvoya le projet à un nouvel examen. Une enquête fut encore ouverte par les soins de la Société nationale d'Agriculture, un rapport supplémentaire fut déposé le 6 décembre 1887, par M. Labiche, mais la solution désirée n'est point intervenue. M. Antonin Proust l'a sollicitée de nouveau, et aussi vainement, dans la proposition de loi sur le Crédit agricole, qu'il a déposée le 25 octobre 1890 à la Chambre des députés.

La commercialisation des billets à ordre était cependant considérée en 1884, par des agriculteurs distingués, comme une chose indispensable et urgente (1). On aurait pu ajouter qu'elle ferait cesser une anomalie. L'article 631 du code de commerce dispose que « les tribunaux de commerce connaîtront... 3° des con-« testations relatives aux actes de commerce entre « toutes personnes ». Et d'après l'article 632 C. Com. « La loi répute actes de commerce... entre toutes per-« sonnes, les lettres de change, ou remises d'argent « faites de place en place ». Ainsi la lettre de change constitue, par elle-même et quel qu'en soit le signataire, un acte de commerce soumis à la juridiction consulaire. Pourquoi n'en est-il pas de même du billet à ordre ? Le motif en est difficile à saisir. Le billet à ordre

---

1. *Enquête sur le Crédit agricole*, 1884, t. I ; note de M. Dessaignes, p. 167 ; lettre de M. Billette, p. 250.

est, en effet, régi par les mêmes règles que la lettre
de change (art. 187 C. com.) : comme elle, il est trans-
missible par la voie de l'endossement ; comme elle, il
emporte la garantie solidaire envers le porteur de tous
ceux qui l'ont signé ou endossé ; comme elle, il doit
être protesté faute de paiement à l'échéance ; comme
elle, un un mot, il présente tous les caractères d'un
acte de commerce. Cela est si vrai que l'article 637
C. com. le restitue à la compétence du tribunal de commerce, dès qu'il porte la signature d'un seul négociant
parmi les endosseurs. Un agriculteur, qui souscrit un
billet à ordre, n'est donc jamais sûr d'être laissé à ses
juges naturels, un évènement postérieur pouvant, même
à son insu, changer la nature de son engagement et,
de civil qu'il était, le rendre commercial. De ce côté là,
il est exposé à tous les inconvénients de la commercialisation ; en revanche, il n'en a pas eu les avantages
au moment où il a signé le billet à ordre, qui a dû subir
la défaveur attachée aux obligations civiles. La réforme
demandée est donc juste, logique et raisonnable ; il
reste encore à l'obtenir.

Elle ne saurait, bien entendu, avoir pour conséquence d'entraîner contre les agriculteurs l'application
des règles de la faillite : celle-ci ne peut être prononcée que contre les commerçants (art. 437 et suiv. C.
com). D'ailleurs, afin qu'aucun doute ne subsiste sur
ce point, tous les projets de loi ont pris soin de pros-

crire en cette matière, par un article formel, l'application du livre troisième du Code de commerce.

§ II. — De la Restriction du privilège du bailleur d'un fonds rural.

Indépendamment des causes ordinaires de discrédit pour l'agriculteur, le fermier en subit une autre, qui lui est particulière, qui est inhérente à sa condition, et qui pèse lourdement sur lui : c'est l'existence, au profit du bailleur, du privilège édicté par l'article 2102-1° du code civil (1). Aux termes de cet article, le bailleur a, sur les fruits de la récolte de l'année, sur le prix de tout ce qui garnit la ferme et sur le prix de tout ce qui sert à son exploitation, un privilège qui lui garantit le paiement des fermages, les réparations locatives ainsi que tout ce qui concerne l'exécution du bail. Ce privilège s'exerce : pour tous les fermages échus et à échoir, si les baux sont authentiques ou si, étant sous signature privée, ils ont acquis date certaine ; et, à défaut de baux authentiques ou de baux ayant date certaine, « pour une année à partir de l'expiration de l'année courante », c'est-à-dire pour les fermages de l'année en cours, de celle qui la suivra et aussi, d'après la jurisprudence et la majorité des auteurs, de toutes les années échues.

1. *Gaz. Pal.*, rép., t. 10, v° *Privilèges*, n°ˢ 49 à 84. — Dal. rép., Sup., t. 14, v° *Privilèges et hypothèques*, n°ˢ 71 à 129.

L'extension, ainsi donnée au privilège du bailleur pour le paiement des fermages, a été vivement critiquée dès 1866 comme entraînant, sans utilité pour le propriétaire, la perte ou tout au moins l'affaiblissement notable du crédit du fermier. La réforme a été accompli par une loi en date du 19 février 1889. Désormais, sans qu'il y ait lieu de distinguer entre les baux ayant ou n'ayant pas date certaine, le privilège accordé au bailleur d'un fonds rural ne peut plus être exercé que pour les fermages des deux dernières années échues, de l'année courante et d'une année à partir de l'expiration de l'année courante (art. 1). La restriction ne concerne d'ailleurs que les sommes dues pour fermages la garantie reste entière pour les indemnités et les obligations résultant de l'exécution du bail (1).

Sous un certain rapport, la loi du 19 février 1889 a, dans sa dernière partie (art. 2, 3 et 4), étendu le privilège du bailleur en attribuant, d'une façon générale et de plein droit, les indemnités dues par suite d'assurances contre l'incendie, contre la grêle, contre la mortalité des bestiaux ou tout autre risque, aux créanciers privilégiés ou hypothécaires suivant leur rang. Ces indemnités sont assimilées à un prix de vente des objets assurés et sont réparties entre les créanciers de l'assuré ayant un droit de préférence, sui-

---

1. Baudry-Lacantinerie. *Traité du nantissement, des Privilèges et Hypothèques*, t. I, nᵒˢ 426 à 434.

vant l'ordre où ils auraient été respectivement colloqués, à la suite d'une aliénation, pour la distribution du prix (1). Toutefois, si aucune opposition n'a été faite à la compagnie d'assurances, celle-ci est libérée par un paiement fait de bonne foi à l'assuré.

Telles sont les deux modifications, d'une importance toute relative, apportées aux règles du code civil par la loi du 19 février 1889. Ce sont les premières qui aient été votées en faveur du crédit agricole. Ce sont les seules auxquelles aient abouti le projet de loi, qui avait été déposé par M. de Mahy le 20 juillet 1882, et qui avait pour objet d'organiser « le Crédit agricole mobilier ». Aussi, M. Beernaert, premier Ministre de Belgique, a-t-il pu dire au Sénat dans la séance du 22 mars 1894 : « L'historique du crédit agricole en Fran-
« ce peut se résumer en deux mots : Vœu émis en 1845
« en faveur de l'organisation du crédit mobilier agri-
« cole, et loi votée le 6 mars 1888... C'était, ce devait
« être une loi sur le crédit agricole ; mais on l'avait
« tant émondée, on lui avait enlevé tant de branches,
« les unes parasites, les autres qui l'étaient peut-être
« moins, que, après le vote final, le président fit cette
« observation singulière, assurément sans précédent,
« que l'on ne pouvait guère maintenir à la loi le nom
« qui lui avait été donné d'abord : loi relative au cré-

1. Baudry-Lacantinerie. *Tr. du Nant. des Pr. et hyp.*, t. 1 :
n⁰ˢ 283 à 287 ; n⁰ˢ 387 et 388.

« dit agricole mobilier, puisqu'elle n'avait plus qu'un
« rapport très indirect avec le crédit agricole » (1).

§ III. —Du gage sans déplacement.

L'agriculture possède un capital mobilier énorme
que les économistes évaluent, les uns à douze milliards,
les autres à vingt milliards, et qui comprend : d'une
part, le matériel d'exploitation, c'est-à-dire les ustensiles aratoires et le bétail ; d'autre part, les récoltes de
toute nature.

Avec de pareilles ressources, spécialement affectées
à la garantie des prêts à court terme qu'ils jugeraient
utile de contracter, les agriculteurs, semble-t-il, devraient trouver aisément des capitaux pour constituer,
compléter ou accroître leur fonds de roulement. Or,
nous savons qu'il n'en est rien. Ainsi que nous l'avons
exposé à la fin de notre premier chapitre, le crédit
mobilier n'existe pas pour les deux classes d'agriculteurs les plus nombreuses, les plus modestes, partant
les plus intéressantes, celle des propriétaires-cultiva-
teurs et celle des fermiers. Le crédit mobilier, en effet,
a sa source dans le contrat de gage, et l'article 2076
du Code civil exige que l'objet, affecté au droit de ga-

1. Annexe, n· 43, au pr· v. de la Séance du 13 mars 1894, au
Sénat ; Rapport de M. Labiche, annexe 2, déposition de M. de
Malarce. p. 43.

ge, soit mis et reste en la possession du créancier ou d'un tiers convenu. Cette condition, qui est essentielle, est en notre matière, irréalisable tantôt du côté du débiteur, tantôt du côté du créancier, souvent de la part de l'un et de l'autre.

En ce qui concerne son matériel agricole, le cultivateur, qu'il exploite son propre fonds ou qu'il exploite le fonds d'autrui, ne peut en aucune façon s'en dessaisir : animaux et outils lui sont indispensables, puisque sans eux ses terres seraient incultes et improductives. Ce sont là d'ailleurs toutes choses encombrantes, dont aucun prêteur ne consentirait à être nanti.

Pour la même raison un capitaliste refusera un prêt gagé sur des récoltes. Ici le cultivateur pourrait sans grand inconvénient ne pas conserver la possession, et livrer ses denrées jusqu'à l'époque où, d'après ses prévisions et ses calculs, il aurait à les consommer ou à les vendre. Mais les récoltes n'ont de valeur que par leur quantité ; elles nécessitent, à raison de leur volume et de leur poids, des installations spéciales, des logements très vastes ; un créancier ne peut donc pas les recevoir et s'en charger. Il est vrai qu'en semblable occurrence les commerçants et les industriels déposent dans les Magasins généraux, choisis comme tiers détenteurs, les matières premières, les marchandises, les objets fabriqués sur lesquels ils empruntent.

Mais cet expédient n'est point à la portée des agriculteurs. Suivant une opinion soutenue par les auteurs

les plus estimés (1), l'usage des Magasins généraux a
été exclusivement réservé aux commerçants par la loi
du 28 mai 1858. et l'exploitant qui y recevrait dès
meubles ou denrées engagés par un non-commerçant
tomberait sous le coup de l'article 411 du Code pénal.
Mais, alors même que cet obstacle juridique n'existe-
rait pas, alors même que le droit de déposer des objets
mobiliers et des récoltes dans les Magasins généraux
serait reconnu ou concédé, sinon à tous sans distinction, du moins aux agriculteurs comme cela a été affir-
mé et non contredit à la Chambre des députés (2),
ceux-ci, en fait, n'en retireraient aucun avantage ; car
les Magasins généraux, dont le nombre est d'ailleurs
restreint, sont installés dans les Villes, à une grande
distance des populations rurales qui, pour y transpor-
ter, à concurrence d'une somme importante, leurs
grains, leurs céréales, leurs produits divers, devraient
subir une perte de temps exagéré et des frais excessifs.

Aussi les défenseurs les plus autorisés de la Cause
agricole ont-ils depuis longtemps réclamé la réforme
de la législation sur le gage. Au point de vue de sa

1. Lyon-Caen et Renault. *Dr. com.*, t. 3, n⁰ 339. *Gaz. Pal.*,
Rép., t. 9, v⁰ *Mag. Gén.*, no 8. Comp. *Dal, Rép. Sup.*, n⁰ˢ 30 et
31, v⁰ *Warrants et Chèques.*

2. Annexe, n⁰ 2341, au pr. v. de la séance du 13 mars 1897,
à la Chambre des députés : *Proposition de loi Delaunay*, exposé *des motifs*, p. 2. Annexe, n⁰ 2869 : *rapport Chastenet.* p. 9.

constitution, toutes les commissions, qui se sont suc-
cédées depuis 1856, ont proposé de laisser entre les
mains du débiteur les objets soumis au privilège du
créancier gagiste, c'est-à-dire d'autoriser, à l'encontre
de l'article 2076 du Code civil, la création d'un gage
« sans déplacement » ou « à domicile ». En même
temps, et comme corollaire à cette première réforme,
l'article 2078 du Code civil devrait être modifié dans le
sens d'une réalisation du gage moins formaliste, moins
lente et moins coûteuse.

Le projet de loi, préparé par la commission de 1866,
et dont M. Josseau fut l'éminent rapporteur, laissait
subsister intactes les dispositions de l'article 2076 C.
civ.; mais il y ajoutait un second alinéa, aux termes
duquel il pouvait être convenu que les objets donnés
en gage resteraient en la garde et possession du débiteur lorsqu'il s'agirait d'ustensiles aratoires, d'animaux
et objets attachés au service d'un fonds rural, de récoltes cueillies ou pendantes, de coupes ordinaires de
bois taillis et de futaies régulièrement aménagées.
D'après l'article 2077 remanié, le privilège ainsi constitué subsistait à l'égard des tiers, dès qu'il avait été
constaté par un acte public ou par un acte sous seing
privé ayant date certaine: en cas de concours de
plusieurs créanciers gagistes, la date des créances dé-
terminait le rang des privilèges. A défaut de paiement
à l'échéance, une disposition additionnelle de l'article
2078 C. civ, autorisait le créancier, au profit duquel

avait été constitué un gage sans déplacement, à faire procéder, quinze jours après la mise en demeure du débiteur et en vertu d'une ordonnance du juge de paix de son domicile, à l'adjudication des objets donnés en gage dans les formes établies pour les ventes de meubles.

Comme garantie de la fidélité du débiteur, à la garde duquel demeuraient les objets engagés, la Commission avait estimé que le droit commun offrait une protection suffisante : la dette devenant immédiatement exigible, si le débiteur avait diminué les sûretés promises en occasionnant par sa faute ou sa négligence la détérioration du gage, les peines de l'article 401 du Code pénal devant être encourues par celui qui se serait rendu coupable de détournement ou de destruction du gage. Deux précautions cependant avaient été prises : en cas de vente des objets engagés, suivant ses besoins et conformément à l'usage, le débiteur était tenu d'en mettre immédiatement le prix à la disposition de son créancier, ou de les remplacer par des objets d'égale valeur soumis de plein droit à l'effet de la convention ; de plus, le débiteur était considéré comme stellionnataire (art. 2050 C. civ. complété), lorsqu'en constituant un gage sur objets laissés en sa possession, il ne révélait pas l'existence des privilèges, hypothèques et autres droits réels qui déjà le grevaient, ou, lorsqu'après avoir constitué un gage sur objets laissés en sa possession, il en laissait ignorer l'existence soit au proprié-

taire dont il prenait l'immeuble à ferme, soit à l'acqué-
reur, soit au créancier auquel il vendait ou hypothéquait
le fonds auquel ces objets se rattachaient par destination (1).

Telle est l'économie de ce premier projet de loi ;
qui adaptait au gage sans dessaisissement le privilège
de l'art. 2102-2ᵒ C. civ., et au sujet duquel le Conseil
d'Etat devait donner son avis lorsque l'année 1870 vint
interrompre le cours de ses délibérations, qui sur ce
sujet n'ont point été reprises. Du reste, d'après les déclarations faites par un conseiller d'Etat, M. de Bou-
reille (2), au cours de l'enquête agricole un vote aurait
été émis absolument défavorable à l'innovation proposée.

Le projet de loi « sur l'organisation du Crédit agricole mobilier », élaboré par la Commission de 1880 et
déposé au Sénat le 20 juillet 1882 par M. de Mahy,
Ninistre de l'agriculture, rééditait, dans son titre premier, le nantissement sans tradition du gage. La plupart de ses dispositions étaient empruntées au projet
de 1866, mais parfois avec des modifications et de
notables différences. Ainsi le gage, constitué indépendamment de la mise en possession du créancier, s'appliquait aux mêmes objets qu'antérieurement. Mais une
distinction était admise à l'égard des ustensiles agri-

1. *Note sur le Crédit agricole mobilier*, 1880, p. 134 à 144, p.
151 à 153.

2. *Enquête agricole, documents généraux*, 3ᵉ vol., p. 141.

coles et des animaux attachés à un fonds rural: ils ne pouvaient être engagés sans déplacement que s'ils étaient la propriété d'un fermier, colon ou métayer ; lors, au contraire, qu'ils appartenaient au propriétaire même de l'immeuble, ce droit lui était refusé. De plus le gage était, à défaut d'écrit, valablement constitué par une déclaration verbale faite par les parties devant le juge de paix du canton de l'emprunteur, assisté de son greffier.

Mais l'enregistrement ne suffisait plus pour rendre le privilège de l'article 2102-2° C. civ. opposable aux tiers : l'acte écrit, ou l'expédition de la déclaration verbale, devait être transcrit sur un registre spécial par le Conservateur des hypothèques de l'arrondissement dans lequel était situé l'immeuble, auquel se rattachaient les objets donnés en gage. La transcription conservait le privilège pendant deux ans à partir de sa date. En troisième lieu, à défaut de paiement à l'échéance, le créancier pouvait, huit jours après une signification faite au débiteur, faire procéder à la vente publique des objets qui lui avaient été donnés en gage sans déplacement, dans les formes prescrites par les articles 617 et suivants du Code de procédure civile. Enfin l'article 408 Code pénal était appliqué à tout emprunteur, qui aurait frauduleusement présenté comme libres des objets déjà engagés, ou qui les aurait frauduleusement déplacés, détournés ou dissipés.

La Commission sénatoriale, nommée pour examiner

le projet de loi qui précède, crut devoir le généraliser, et, sous prétexte d'étendre à tous sans distinction les avantages d'une loi jugée utile pour les agriculteurs, elle imagina un double système de nantissement sans déplacement du gage : le nantissement sans transcription et le nantissement avec transcription. Le nantissement sans transcription était autorisé sur tout meuble corporel et de la part d'un emprunteur quelconque. Il devait être constaté par un écrit, et l'acte devait être enregistré, sur un registre spécial, au bureau d'enregistrement du domicile du débiteur. Le nantissement avec transcription demeurait réservé à l'agriculteur, tel à peu près qu'il avait été organisé par le projet gouvernemental. L'article 408 Code pénal devait, dans les deux hypothèses, assurer le respect du contrat.

Le Sénat, après la discussion générale des 29-30 novembre et 1er décembre 1883, rejeta par assis et levé le principe du gage sans déplacement. M. Labiche, en déposant le 6 décembre 1887 son rapport supplémentaire sur le « Crédit agricole mobilier », exprimait le regret d'avoir éliminé cette réforme, dont la commission n'avait pas cru pouvoir prendre l'initiative par respect pour la décision antérieure de la haute Assemblée.

Trois ans plus tard, la Chambre des Députés fut à nouveau saisie de la question. A la séance du 25 octobre 1890, M. Antonin Proust déposa une proposition

de loi « sur l'organisation du crédit agricole », dont le
titre 1ᵉʳ, consacré au n antissement sans déplacement
du gage, reproduisait à peu près textuellement le projet de Mahy. Toutefois, il s'en séparait sur un point,
en décidant que le privilège de l'art. 2102, 2° c. civ.
serait opposable aux tiers à partir du jour où l'acte
de constitution du gage, ou l'expédition de la déclaration verbale devant remplacer l'écrit, aurait été enregistré, sur un registre spécial, au bureau d'enregistrement du domicile du débiteur : c'était le mode de publicité adopté pour le nantissement sans transcription
par la commission sénatoriale. La transcription au bureau des hypothèques n'était donc plus requise. La
proposition de M. Proust fut renvoyée à la commission
du Crédit agricole et populaire ; elle n'a pas reparu à
l'ordre du jour de la Chambre.

Après un demi-siècle d'efforts, de discussions, de
travaux considérables, cette réforme tant souhaitée
n'a pas encore abouti, du moins dans son ensemble et
dans ses grandes lignes. Pourquoi ?

Peut-être cela tient-il tout d'abord, et d'une manière
générale, à la nature juridique du nouveau droit qu'il
s'agit d'admettre, et qui a toujours été présenté sous
la dénomination équivoque de « gage sans dessaisissement ». Or, comme le dit avec raison M. Durand (1)
« ce n'est pas un gage, car le gage tire toute sa va-

1. Durand, *Cr. agr.* p. 687 et suiv.

« leur de la sécurité que donne au créancier la posses-
« sion réelle de l'objet engagé ; le législateur valide
« cette possession, il la sanctionne, il la règlemente,
« mais tous les effets que produit le gage sont la con-
« séquence de ce fait matériel de la possession réelle
« acquise au créancier. S'il n'y a pas possession réelle,
« il n'y a pas de gage ; tout ce qui peut exister, c'est
« un droit de préférence sur le prix des objets affec-
« tés conventionnellement à la garantie spéciale d'une
« dette déterminée ».

« Mais, ajoute M. Durand, un droit de préférence
« n'est autre chose qu'un privilège ; il s'agit donc, non
« de donner un droit de gage à un créancier qui n'est
« pas nanti, mais de permettre au profit d'un créan-
« cier la constitution d'un « privilège conventionnel » ;
« c'est une conception nouvelle que notre législation
« ne connaît pas encore, mais qu'elle ne repousse pas...
« Nous la formulerions ainsi :

« L'article 2102 Code civil est ainsi modifié : « Les
« créances privilégiées sur certains meubles sont :...
« 8° les créances, à la garantie desquelles certains
« meubles ont été conventionnellement affectés, sur
« les meubles spécialement désignés par la conven-
« tion ».

C'est ainsi que les législations belge et italienne,
qui ont largement profité de nos enquêtes et de nos
études en matière de crédit agricole, ont réalisé la
éforme en lui donnant le nom de privilège glaricoe.

Mais cette théorie nous semble fort sujette à critique. Elle méconnaît la définition du privilège, qui n'est pas un droit de préférence dérivant d'une cause quelconque, mais un droit de préférence que la loi attache à la qualité de la créance. Il est vrai que l'art. 2102-2° C. civ. a admis, en faveur du créancier gagiste, un privilège, dont l'origine se trouve dans la convention des parties ; mais ce n'est pas comme sanction du contrat que le législateur l'a consacré, c'est comme la conséquence naturelle, forcée, nécessaire de la mise en possession du créancier. Si l'on supprime cette condition, si l'on permet au débiteur de ne pas se dessaisir de l'objet engagé, il n'y a plus de cause à la faveur de la loi, il n'y a plus de raison, plus de titre à l'institution d'un privilège.

Qu'est-ce donc que le « Gage sans dessaisissement », s'il ne faut y voir ni une modalité du contrat de gage, ni un droit de préférence susceptible d'être classé dans la catégorie des privilèges ?

Nous pensons que le gage sans dessaisissement n'est autre chose qu'une hypothèque. (1) Ce qui distingue le gage de l'hypothèque, c'est précisément que cette dernière qui confère, elle aussi, une sûreté réelle au créancier, un *jus in re*, a cet effet sans qu'il soit besoin de

<hr>

1. Baudry-Lacantinerie, *Tr. du Nant ; des Priv. et Hyp* ; t. 1, n°⁸ 6, 91, 300; t. 2, n°ˢ 950 à 954. Dal., *rép.*, v° *Nantissement* n°ˢ 119 et 209. Dal., *rép.*, *Sup.*, v° *Nantissement.*, n° 7 ; v° *Priv. et hyp* ; n° 29. *Gaz. Pal.*, rép., t. 8, v° *Hypothèque*, n° 23.

dessaisir le débiteur. Autoriser la constitution d'un gage, sans dessaisissement du débiteur, c'est donc, en réalité, lorsqu'il s'agit d'objets mobiliers, permettre l'hypothèque mobilière.

L'hypothèque des meubles était permise à Rome, où elle conférait, comme celle des immeubles, un droit de préférence et un droit de suite ; mais ce droit de suite, joint à la clandestinité de l'hypothèque, y avait été la source de bien des simulations et de bien des fraudes. Aussi notre Ancien Droit avait-il adopté la règle que « Meubles n'ont pas de suite par hypothèque ». Par là, la majorité des coutumes, notamment celles de Paris et d'Orléans, entendaient que les meubles ne pouvaient en aucune façon être hypothéqués. Quelques autres, comme celles de Normandie, de Bretagne, du Maine et de l'Anjou, attribuaient à la même formule une portée plus restreinte, et l'interprétaient en ce sens que les meubles n'étaient susceptibles que d'une hypothèque imparfaite, de laquelle résultait seulement un droit de préférence et jamais un droit de suite.

Cette hypothèque imparfaite, susceptible de frapper les choses mobilières, correspond de tous points à la notion du « gage sans dessaisissement ». Dans l'un et l'autre cas, il s'agit d'une convention par laquelle une chose mobilière est affectée par préférence à l'acquittement d'une obligation. Mais, les partisans du gage sans dessaisissement n'ont pas voulu lui reconnaître ce caractère, parce que c'était heurter de front les dispositions prohibitives des articles 2118 et 2119 du code civil. Sous l'influence des idées les plus répandues dans l'ancien droit, le législateur de 1804 a considéré que l'hypothèque des meubles, si elle était armée du droit de suite, jetterait le trouble dans les relations commerciales et civiles au mépris de la maxime « en fait de meubles, possession vaut titre », et que, si elle était dépouillée du droit de suite, elle ne procurerait au créancier qu'une garantie à peu près illusoire : il l'a donc purement et simplement proscrite.

Il est si vrai que le gage sans dessaisissement est une hypothèque, que les auteurs des projets de loi successifs ont obéi à la double préoccupation : 1° d'organiser la publicité du gage sans dessaisissement, et de subordonner ses effets vis-à-vis des tiers à une inscription faite, sur un registre spécial, soit au bureau du receveur de l'enregistrement comme dans le système belge, soit au bureau du conservateur des hypothèques conformément à la législation italienne ; 2° de remédier à la privation du droit de suite par des sanctions pénales, qui protégent le créancier contre des transmissions de propriété ou de possession frauduleusement consenties par son débiteur.

A notre avis, l'institution du gage sans dessaisissement déroge donc, non pas aux articles 2076 et suivants du code civil, non pas aux articles 2095 et 2102, mais bien plutôt aux articles 2118 et 2119 du même code. En ce sens, nous pouvons invoquer les lois du 10 décembre 1874 et du 10 juillet 1885 qui, en créant l'hypothèque maritime, ont simplement appliqué aux navires, avec son appellation propre, le gage sans dessaisissement (1).

Indépendamment de la question de principe, le gage sans dessaisisement soulève certaines difficultés d'application, qui proviennent de ce que les choses, sur lesquelles s'exercera ce droit de préférence, doivent être des meubles.

Aucune complication ne se présente, lorsque le gage sans dessaissisement est consenti par un fermier sur le matériel agricole et sur les récoltes, pendantes ou détachées, qui lui appartiennent: à son regard, en effet, toutes ces choses sont purement mobilières (2) et sont susceptibles de saisie-exécution. Il y a seulement lieu de tenir compte du privilège du bailleur qui, de l'avis général et sans contestation, prime la créance résultant d'un gage sans dessaisissement.

Il en sera de même à l'égard des produits récoltés, dont est maître le propriétaire qui cultive ou exploite son domaine. Ce sont des meubles, qui présenteront ici une garantie d'autant plus efficace que le bénéficiaire

1. Consulter le rapport, M. Grivard, en date du 21 mars 1874 (*Jour off.*, des 24 et 27 avril 1874, annexe 2312). — Comparer la loi du 1er, mars 1898, sur le *Nantissement des Fonds de Commerce.*

2. Aubry et Rau, 5e édit., t. 2, § 164, p. 10, texte et note 14.

du gage sans dessaisissement n'aura pas à redouter la concurrence d'un privilège de bailleur.

Mais la situation est moins nette lorsqu'il s'agit pour le propriétaire du fonds de constituer un gage sans dessaisissement sur le matériel agricole ou sur les récoltes pendantes qui lui appartiennent. Ces choses ne sont plus alors considérées comme des meubles ; et nous devons envisager successivement, pour l'une et l'autre de ces catégories de biens, les réformes complémentaires qu'entraînerait l'organisation du gage sans dessaisissement.

1° Lorsque le matériel agricole appartient au propriétaire du fonds, les animaux et l'outillage qui le composent sont réputés immeubles par destination (art. 524 C. civ.), et ne peuvent être frappés d'une saisie-exécuion (art. 592 C. pr. sauf dans quelques cas exceptionnels prévus par l'art. 593 C. pr.). Pour permettre au propriétaire, qui exploite lui-même son domaine, et qui a besoin de crédit pour sa culture, de tirer parti de son matériel agricole, sans être obligé de l'aliéner ou de le donner en gage en s'en dessaisissant, il faut donc modifier encore sur ce point la législation existante.

On conçoit la réforme plus ou moins complète, plus ou moins profonde. Il peut suffire d'abroger le premier alinéa de l'article 592 C. pr., et de concéder ainsi au créancier le droit de saisir et de faire vendre les animaux et ustensiles spécialement affectés au rembour-

sement de la dette. Mais, ces choses conservant alors
leur caractère d'immeubles par destination, restent
exposées à l'action des créanciers hypothécaires, et il
faut prévoir leur concours avec le créancier qui se
prévaut d'un gage sans dessaisissement. Si on considère
que le gage sans dessaisissement est de la nature de
l'hypothèque, la date des diverses créances fixera leur
rang respectif, comme l'ont admis les législations belge
et italienne. Au contraire, si on voit en lui un véritable privilège, le gage sans dessaisissement aura toujours
la préférence, quelle que soit sa date. M. Durand (1) fait
remarquer, à l'appui de cette dernière solution, que les
créanciers hypothécaires seraient mal fondés à s'en
plaindre, soit parce qu'ils ne tiennent jamais compte
des immeubles par destination dans l'évaluation de la
garantie qui leur est offerte, soit parce que ces objets,
restant à la libre disposition du propriétaire, peuvent
à tout moment leur échapper par suite d'une aliénation
ou d'une mise en gage effective, et qu'on attribuerait
simplement le même effet au gage sans dessaisissement.
M. Durand propose, d'ailleurs, un système plus radi-
cal, qui consiste à supprimer de la distinction des biens
les immeubles par destination, en abrogeant les articles 522 et 524 Code civil, ainsi que le premier alinéa
de l'article 592 C. pr. par voie de conséquence. De
cette façon, le matériel agricole, ayant un caractère

_____

1. Durand, *Cr. agr.*, p. 463.

Godemel   8

exclusivement mobilier, pourrait tout naturellement faire l'objet d'un gage sans dessaisissement : et en même temps, il échapperait à l'action des créanciers hypothécaires qui ne peuvent l'atteindre qu'indirectement et à raison de la fiction légale qui en fait un accessoire de l'immeuble.

Mais cette réforme, de quelque manière qu'elle soit proposée, est assez vivement combattue. Les uns objectent qu'en cette manière, les prescriptions de la loi ont été édictées en vue de l'intérêt général de la production agricole ; qu'elles ont pour but de ne pas laisser compromettre, entraver ou arrêter la culture d'un domaine par des saisies distinctes portant, les unes sur les choses mobilières servant à l'exploitation, les autres sur les immeubles dépouillés de leurs accessoires nécessaires ; et que ces considérations d'ordre social et économique ne sauraient être méconnues sans danger. Pour les autres, qui voudraient introduire en France des dispositions analogues à celles du « homestead » américain, l'insaisissabilité des immeubles par destination ne saurait être mise en discussion et s'imposerait avec plus de force encore que par le passé. Aux termes des deux propositions de loi, déposées en 1894 par M. Léveillé et par M. l'abbé Lemire, présentées de nouveau le 23 juin 1898 par ce dernier, reprises le 21 novembre 1898 par M. Vacher et plusieurs de ses collègues, les propriétés foncières, dont la valeur ne dépasse pas 8.000 à 10.000 francs, pourraient

être déclarées insaisissables à la requête du propriétaire qui les habite et les exploite; elles ne seraient
plus alors susceptibles d'être grevées d'hypothèques,
et l'aliénation volontaire en resterait seule possible.
Les auteurs de ces projets, émus du nombre des sai-
sies-immobilières qui varie chaque année entre 8.000 et
14.000, ont eu la pensée généreuse de protéger le travailleur de la terre contre son inexpérience, ses entraînements ou ses faiblesses, et d'assurer à sa famille
plutôt encore qu'à lui-même, un abri, un asile en cas
de revers et d'infortune. Ce résultat, ils l'obtiennent au
moyen de l'insaisissabilité du bien de famille, et il va de
soi que l'insaisissabilité du fonds emporte celle de tous
les accessoires indispensables à sa mise en valeur.

La première critique a excercé évidemment son influence sur la rédaction du projet de loi de 1882, qui
ne permettait pas d'engager sans déplacement le matériel agricole appartenant au propriétaire du fonds.
Cependant à cette objection on peut répondre que l'intérêt général ne serait vraisemblablement pas compro-
mis par des mesures qui, en mettant à la disposition
des agriculteurs les capitaux qui leur manquent, auraient pour résultat de développer la production agricole et d'augmenter par cela même les ressources na-
tionales ; qu'au surplus, les animaux et l'outillage sont
souvent vendus séparément, indépendamment du fonds
soit par le propriétaire qui, en face de sa déconfiture
imminente, lutte par tous les moyens, soit par les

créanciers hypothécaires dès qu'ils y voient pour eux-
mêmes un avantage pécuniaire.

Quand au « homestead », il soulève un problème de
haute portée sociale, (1) sur lequel il serait téméraire
de porter un jugement hâtif et superficiel. Certes il sé-
duit sous bien des rapports. Cependant, au point de
vue spéc·al de notre étude (2) il convient de reconnaître
que toute extension de l'insaisissabilité est nuisible au
crédit, et que sous ce régime d'extrème protection,
l'emprunt, que nous voudrions lui faciliter dans une
certaine mesure, serait, de fait, interdit au petit propriétaire cultivateur.

2° Lorsqu'elles appartiennent au propriétaire du fonds,
les récoltes pendantes par branches ou par racines,
ainsi que les coupes ordinaires de bois, sont déclarées
immeubles par nature par les articles 520 et 521 C.
civ. (3). Comme ce caractère immobilier leur est attribué à raison de leur adhérence au sol, il en résulte
qu'elles ne sont sous aucun rapport susceptibles d'être
affectées spécialement à la garantie d'une obligation :
ni au moyen d'une hypothèque distincte de celle qui

1. *Lois Nouvelles*, 1898, 2° p., p. 166.

2. Cette question a été traitée par M. Saleilles, avec une
rare compétence et une grande élévation d'esprit, dans son
étude sur l' « *Homestead* », p. 19 et 20.

3. *Gaz. Pal. rép.*, v° *Biens*, n° 12 ; v° *Hypothèques*, n° 34.
Demolombe, t. 9, n° 141. Aubry et Rau, 5° édit., t. 2, p. 10, 12,
et 13.

grève le fonds, puisque l'isolement de ce fonds les mobilise ; ni par l'effet d'un nantissement effectif, parce que la tradition en est matériellement impossible ; ni en vertu d'un contrat de gage sans dessaisissement, puisque ce contrat, pour lequel les formalités sont simplifiées et les frais notablement réduits, est réservé aux seules choses mobilières.

On comprendrait néanmoins que les récoltes pendantes et les coupes ordinaires de bois devinssent un élément de crédit pour le propriétaire exploitant, auquel serait reconnu le droit de les engager sans dessaisissement. La qualité immobilière de ces choses n'est en effet que transitoire ; la perception, la simple séparation du sol les transforme en meubles ; la loi leur donne même par anticipation ce dernier caractère, en permettant la saisie-brandon dans les six semaines qui précèdent le moment de la maturité (art. 626 et suiv. C. pr.). Il suffirait de prolonger cette période pendant trois ou quatre mois, et d'admettre, dans le deuxième alinéa de l'article 520 et dans l'article 521 C. civ., une seconde cause de mobilisation, le contrat de gage sans dessaisissement.

Les créanciers hypothécaires n'auraient guère à souffrir de cette innovation : l'hypothèque laisse intacte la jouissance du propriétaire, qui le plus souvent perçoit les fruits et en dispose. Ils ne peuvent, au moment du prêt, tenir aucun compte de cet élément incertain, passager, aléatoire, dans l'évaluation de la garantie immobilière qui leur est consentie. Ils n'en profitent, en cas de saisie-immobilière, qu'à la condition que la saisie ait été transcrite avant la coupe de la récolte (art. 682 C. pr.) ; et les droits des créanciers hypothécaires, antérieurs à la constitution du gage sans dessaisissement, pourraient au besoin être sauvegardés dans cette hypothèse, comme l'admettaient les projets de loi du 20 juillet 1882 (art. 14) et du 25 octobre 1890 (art. 10) avec cet équitable tempérament que les créanciers hypothécaires n'exerceront leur droit de préférence sur la portion du prix représentant la récolte ou la coupe, qu'autant que la portion du prix correspondant à la valeur de l'immeuble sera insuffisante.

Il est intéressant de signaler à ce propos comment la loi du 11 juillet 1851 sur les banques coloniales (art. 7 à 15 (1) et la loi du 24 juin 1874 sur la prorogation de leur privilège (art. 6 à 13) (2) ont organisé les prêts sur récoltes pendantes. Il s'agissait de permettre aux banques de la Guadeloupe, de la Martinique et de la Réunion d'abord, plus tard à celles de la Guyane et

1. Dal., 1851, 4ᵉ p., p. 142 à 147, avec les statuts et avec le rapport supplémentaire de M. Chégaray.

2. Dal., 1875, 4ᵉ p., p. 1 à 5. La loi de 1874 avait prorogé le privilège des banques coloniales pendant vingt ans à partir du 11 septembre 1874. Cette loi a été elle-même prorogée par différents décrets, notamment ceux du 10 juillet 1894 et du 18 décembre 1897.

du Sénégal, enfin à celles de la Nouvelle-Calédonie (1)
et de l'Indo-Chine, de prêter, sans risques trop grands,
sur une seule signature et, pour cela, de substituer à
la seconde signature, une garantie matérielle. L'importance de la culture de la canne à sucre faisait con-
sidérer comme indispensable à l'avenir et au développement de certaines colonies, que le prêt sur les récoltes futures y fût autorisé. C'était là le point capital
de la loi de 1851 ; et le Gouvernement avait proposé de
concéder aux banques coloniales le privilège de l'art.
2102-2° C. civ. en assimilant la récolte sur pied au gage
dont le créancier est saisi.

Mais la commission avait jugé dangereux les prêts
sur récoltes opérés dans ces conditions, et à ce nantissement imparfait elle avait substitué la cession de la récolte pendante. « Nous avons pensé, dit M. Chégaray
« dans son rapport supplémentaire, que la récolte res-
« tant nécessairement entre les mains de l'emprunteur,
« le prêt serait mieux garanti par une cession qui rend
« la banque propriétaire que par un nantissement, puis-
« qu'ici la réalisation du nantissement est rendue impos-
« sible par la nature même des choses ». Par une fiction
de la loi, la convention accessoire du prêt est donc une
vente. Et cette vente, grâce au système de publicité auquel elle est soumise, est accompagnée d'une véritable

1. La banque de la Nouvelle-Calédonie, instituée par décre
du 14 juillet 1894, est tombée en faillite.

purge. Tout propriétaire, en effet, ou tout fermier muni de l'adhésion de son propriétaire, qui veut emprunter de la Banque sur cession de sa récolte pendante, doit faire connaître son intention par une déclaration inscrite un mois à l'avance sur un registre spécial tenu par le Receveur de l'enregistrement. Les créanciers hypothécaires, ou privilégiés sur la récolte, ou porteurs d'un titre exécutoire, sont ainsi mis en demeure de former au bureau de l'enregistrement opposition au prêt. Mais si aucune opposition régulière ne s'est manifestée dans le mois qui suit la demande d'emprunt, la banque, après avoir fait transcrire son contrat, est considérée comme dûment saisie de la récolte, et elle exerce sur elle un droit absolu, exclusif, de ceux de tous autres créanciers, antérieurs ou postérieurs. (1).

Pour ne pas être insolubles, les difficultés d'ordre secondaire que fait naître la question du gage sans dessaisissement n'en sont pas moins délicates ; et l'on comprend quelle résistance procure aux adversaires de la réforme la multiplicité de ces objections. Afin de les éviter, quelques députés ont eu la pensée de circonscrire le débat, d'en éliminer toutes les causes de discussion accessoires, et de limiter l'organisation du gage sans dessaisissement aux récoltes détachées du sol, puisque celles-ci constituent la seule ca-

____

1. — Cass. 21 novembre 1882, (Dal., 1883, 1,269) et la note.

tégorie de biens dont le caractère mobilier soit indiscutable au regard du propriétaire de l'immeuble aussi bien que du fermier. A cet effet, M. Delaunay et plusieurs de ses collègues, s'inspirant en même temps d'un projet antérieur (1) qui avait tenté de créer un titre négociable de gage agricole, déposèrent, à la séance du 13 mars 1897 (2) une proposition de la loi « ayant pour but la création et la négociation de Warrants agricoles ». Cette proposition, qui appliquait à l'agriculture les règles tracées par la loi du 28 mai 1858 pour la négociation des marchandises déposées dans les magasins généraux, avec cette différence que le gage resterait confié à l'emprunteur, fut l'objet d'un rapport sommaire de M. Brindeau (3) qui, sur

1. Ce projet qui n'a pas été pris en considération à cause des dépenses énormes qu'il eût entraînées, fut présenté le 3 décembre 1891 à la Chambre des députés par MM. Martinon et Méline. Il avait pour objet l'établissement de docks-greniers, destinés à centraliser les céréales de toute une région, et à rendre à l'agriculture les mêmes services que les Magasins généraux rendent au commerce. Les grains y auraient été groupés et confondus d'après leur nature et leur qualité et chaque déposant aurait reçu un titre négociable, appelé certificat de dépôt, conférant au porteur les droits d'un créancier gagiste.

2. Annexe, n° 2341, au pr. v. la Séance du 13 mars 1897, à la Chambre des députés.

3. Annexe, n° 2552, au pr. v. la Séance du 24 juin 1897, à la Chambre des députés.

l'avis unanime de la 26ᵉ commission d'initiative, concluait le 24 juin 1897 à la prise en considération.

M. Méline, devenu Ministre de l'agriculture et Président du Conseil, estima que M. Delaunay avait assimilé trop étroitement le Warrant agricole au Warrant commercial, et chargea le Conseil supérieur de l'agriculture d'élaborer un nouveau projet. Celui-ci fut préparé très rapidement par une Sous-commission présidée par M. Viger, et fut présenté par le Gouvernement à la séance de la Chambre des Députés du 28 octobre 1897 (1). Le 3 décembre suivant (2), M. Chastenet déposait son rapport : la commission parlementaire avait approuvé le projet, auquel elle n'avait apporté que des modifications d'ordre secondaire. Ce projet, pour lequel l'urgence fut demandée et votée, a été adopté dans son ensemble le 31 mars 1898 à la Chambre des Députés, et, le 8 juillet suivant, au Sénat sur le rapport conforme de M. Calvet et après le rejet d'un amendement de M. Théodore Girard. Les deux Assemblées ont approuvé, pour ainsi dire sans discussion, et avec une précipitation inconcevable. La loi sur les Warrants agricoles a été promulguée le 18 juillet 1898.

1. Annexe, nº 2750, au pr. v. de la Séance du 28 octobre 1897, à la Chambre des Députés.

2. Annexe nº 2869, au pr. v. de la Séance du 3 décembre 1897, à la Chambre des Députés.

DEUXIÈME PARTIE

Des Warrants agricoles.

———

CHAPITRE I

Généralités sur les warrants. But et principale destination du Warrant agricole.

Section I. — *Généralités sur les warrants.*

L'institution des warrants est étroitement liée à celle des magasins généraux, dont elle a singulièrement favorisé l'extension, et dont elle a été le plus utile complément. Le négociant ou le fabricant, qui dépose dans un magasin général les marchandises qui l'encombrent, n'échappe pas seulement à la charge de loyers, de salaires, de frais généraux élevés, et à la responsabilité des risques auxquels sont exposés les objets de son négoce, les matières premières ou les produits de son industrie ; il y trouve surtout l'immense avantage de mobiliser sa marchandise, et de pouvoir, sans la déplacer, ou la livrer à un acheteur ou la donner en gage à un créancier. L'une et l'autre de ces opérations s'effectue par la simple négociation d'un titre émis par le magasin général.

L'exploitant du magasin général, qui reçoit des marchandises, délivre au déposant, qui lui en fait la demande (1), un titre double, comprenant un récépissé et un warrant qui y est annexé. Le récépissé et le warrant sont détachés d'un registre à souches, datés et signés par le directeur du magasin général ; chacun d'eux doit énoncer les noms, profession et domicile du déposant, la nature de la marchandise déposée et les indications propres à en établir l'identité et à en déterminer la valeur. Tous les deux sont à ordre, et se transmettent, en conséquence, par voie d'endossement. Ils peuvent être négociés ensemble ou séparément.

Si le déposant endosse au profit d'un tiers les deux titres réunis, il lui confère le droit de disposer librement, comme il pouvait le faire lui-même, des marchandises déposées.

Si le déposant veut emprunter sur les marchandises déposées, tout en se réservant la faculté de les

1. Le déposant pourrait se contenter d'un simple bulletin de réception, s'il avait l'intention de ne faire aucune opération sur les marchandises déposées.

vendre, il détache le warrant du récépissé et endosse
le warrant seul au profit d'un tiers. Cet endossement
du warrant séparé vaut dation en gage de la marchandise.

Si après la constitution de ce gage, le déposant veut
profiter d'une occasion favorable de vendre la marchandise déposée, il lui suffira d'endosser le récépissé
qu'il a conservé, et le cessionnaire de ce titre aura
acquis le droit de disposer de la marchandise sous la
condition de désintéresser le porteur du warrant ou
de respecter ses droits. L'étendue de cette obligation
lui est révélée par la transcription du premier endossement du warrant et de ses énonciations qui est obli-
gatoirement faite sur les registres du magasin général, et qui est d'ailleurs mentionnée sur le récépissé
lui-même (1).

Ainsi, le récépissé est un instrument de vente, le
warrant, ou bulletin de gage, un instrument de crédit.
Le porteur du récépissé est le propriétaire, au regard
duquel le magasin général est dépositaire de la marchandise ; le porteur du warrant est le créancier
gagiste, pour le compte duquel le magasin général
détient la marchandise en qualité de tiers convenu
entre les parties. Par cette heureuse combinaison des
magasins généraux et des warrants, la loi du 28 mai

1. Lyon-Caen et Renault, *Dr. com*, t. 3, n°s 324 à 327 ; 343
à 350 ; 358 à 364 ; *Gaz. Pal. rép.*, t. 9, v^o *Mag. gén. et War.*,
n°s 1, 21 à 50.

1858 (1) a fait une application aussi exacte que féconde des principes qui régissent le gage. On comprend tous les avantages qu'une semblable institution procurerait à l'agriculture ; mais pour celle-ci l'usage des magasins généraux est reconnu impraticable ; la loi du 18 juillet 1898 les a donc supprimés, et, renonçant à imposer le dessaisissement du débiteur, elle a créé le « warrant agricole sans déplacement du gage ».

La proposition Delaunay admettait, comme en matière commerciale, la création d'un récépissé et d'un warrant, qui étaient fournis par l'administration de l'enregistrement. Ces deux titres, à défaut de l'exploitant d'un magasin général pour les émettre, devaient être établis de la manière suivante. Avant tout emprunt, l'un des experts, désignés sur une liste annuelle par le juge de paix du domicile de l'emprunteur, prélevait et cachetait trois échantillons des produits agricoles à warranter ; deux de ces échantillons étaient destinés au prêteur, le troisième était déposé au greffe de la justice de paix. L'expert estimait, en outre, la quan-

1. La création des Magasins généraux date seulement d'un décret du gouvernement provisoire du 21 mars 1848, qui fut complété par un arrêté du Ministre des finances du 26 mars et par une loi du 25 août 1848. La loi du 28 mai 1858, qui a abrogé cette législation, est toujours en vigueur : elle a été complétée par un décret réglementaire du 12 mars 1859, et modifiée quant aux conditions d'établissement des magasins généraux par la loi du 31 août 1870, le décret du 21 avril 1888 et le décret du 9 juin 1896.

tité et la valeur de la marchandise : cette double in-
dication était inscrite sur la souche d'un registre déposé à la justice de paix et sur le warrant. Aussitôt
après l'expertise, l'emprunteur, s'il était fermier de son
exploitation, devait aviser de son projet le propriétaire, auquel un certain délai était imparti pour notifier,
dans le cas où des termes échus lui auraient été dûs,
son opposition au prêt. Le warrant, endossé séparément du récépissé devait énoncer aussi le montant, en
capital et intérêts, de la créance garantie, la date de
son échéance, les noms profession et domicile du créancier, la compagnie d'assurances qui avait assuré
le produit. Avant d'être escompté, le warrant était
timbré au greffe de la justice de paix du canton, et le
juge de paix était chargé d'inscrire sur le registre spécial à souches la déclaration du porteur, auquel était
délivré un reçu detaché de ce livre. Aucune formalité
particulière n'était prescrite pour l'établissement ou
la négociation du récépissé ; la loi du 28 mai 1858 était
expressément déclarée applicable aux warrants agricoles dans toutes celles de ses dispositions qui n'é-
taient pas incompatibles avec la nouvelle réglementation.

La délivrance du récépissé a été jugée inutile par le
législateur de 1898 qui, conformément au projet du
gouvernement, n'a plus admis l'existence que d'un seul
titre (1), le Warrant. De plus, il a reporté sur le gref-

1. L'arrêté du 26 mars 1848 n'avait prévu qu'un seul titre
appelé récépissé, qui, selon les besoins du déposant, servait

fier de la justice de paix les attributions, que les deux projets avaient confiées au juge de paix lui-même : la commission de la Chambre des députés s'est aperçue à propos que le rôle convenant à ce magistrat était, non pas de rédiger les conventions des parties, mais de statuer sur leurs différents. M. Brindeau, à la fin de son rapport, avait déjà proposé de centraliser au greffe de la justice de paix toutes les formalités à accomplir.

SECTION II. — *But et principale destination*
du warrant agricole.

L'étude des travaux préparatoires ne laisse planer aucun doute sur le but principal et immédiat, que s'est proposé le législateur de 1898 : il a voulu, avant tout, soustraire les cultivateurs à la nécessité de vendre en hâte les produits qu'ils viennent de récolter, afin de mettre un terme à l'avilissement des cours qui se produit chaque année, à la même époque, par suite de la surabondance des offres et de l'encombrement des marchés.

Le cultivateur, en effet, est obligé sous forme de main d'œuvre, d'engrais, de semences, de faire à la terre une avance, qu'on peut évaluer à neuf mois en

soit à disposer de la marchandise, soit à la constituer en gage, mais qui ne permettait pas le concours des deux opérations.

moyenne, et qui a épuisé toutes ses ressources au moment où se termine la récolte. La majeure partie de la
production du pays est alors jetée sur le marché ; ce
qui détermine une baisse importante dont profitent
seuls les intermédiaires et les spéculateurs. MM. Delaunay et Brindeau citent à ce sujet quelques chiffres
significatifs. D'après leurs calculs, opérés pour le marché de l'aris, pendant cinq années, de 1891 à 1895, le
blé de première qualité s'est vendu au prix moyen de
21 fr. 26 les cent kilos pendant les cinq mois de vente
de la culture, c'est-à-dire du mois d'août à fin décembre ; tandis que le cours moyen des sept autres mois,
durant lesquels l'industrie écoule ses réserves, s'est
élevé à 22 fr. 53. L'écart est de 1 fr. 27 par cent kilos,
ce qui constitue une différence de 5 fr. 75 pour cent de
la valeur du produit, différence qui serait encore plus
accentuée si le même travail était fait sur les cours du
blé en province ou sur les cours des denrées ayant un
marché plus étroit.

Cette prime de 1 fr. 27 par cent kilos en moyenne
reviendrait à peu près intacte au cultivateur, s'il lui
était possible d'emprunter à un taux modéré sur ses
récoltes, au lieu de les vendre précipitamment. C'est
pour atteindre ce résultat, modeste mais appréciable,
qu'ont été créés les warrants agricoles. Dans la pensée des auteurs et rapporteurs de la loi, c'est là un
essai du gage à domicile qui, s'il réussit, permettra
dans la suite d'ouvrir un crédit plus large à des besoins

moins restreints et justifiera l'adoption de la réforme dans toute son ampleur (1).

1. Consulter sur la matière des warrants agricoles : Hogrel, *Commentaire théorique et pratique de la loi du 18 juillet 1898*. Emion, *Étude sur la loi du 18 juillet 1898*, parue dans la revue des « *Lois Nouvelles* », 1899, 1re partie, p. 1 à 46.

CHAPITRE II

De la constitution du warrant agricole.

Pour profiter de la loi du 18 juillet 1898 et constituer un warrant dans les conditions qu'elle détermine,
il faut, cela va de soi, être capable d'emprunter et être
propriétaire des choses mobilières destinées à gager
l'emprunt. Il faut, de plus, être agriculteur. Le premier
alinéa de l'article 1 est formel : « Tout agriculteur peut
emprunter sur les produits agricoles ou industriels
provenant de son exploitation et énumérés ci-dessous,
et en conservant la garde de ceux-ci dans les bâtiments ou sur les terres de cette exploitation. » Cette
disposition exclut évidemment le négociant qui a ache_
té des grains pour les revendre, l'industriel qui a acheté
des céréales pour les transformer en produits manu-
facturés, le propriétaire qui a consenti un bail à ferme
moyennant un prix en argent. Elle s'applique, au contraire, sans qu'aucun doute soit possible, au propriétaire, à l'usufruitier, au fermier, au colon partiaire qui se
se livre à la culture ou à l'exploitation d'immeubles ru-

raux. Nous pensons que le même droit doit être reconnu au bailleur à métayage, qui est directement intéressé
et associé à la culture du domaine, pourvu que sa
portion de récoltes reste dans les bâtiments ou sur les
terres de l'exploitation, cette dernière condition étant
prescrite d'une manière impérative et absolue.

Mais que décider à l'égard du bailleur, qui a donné
des immeubles à ferme moyennant une redevance
annuelle, payable en nature, soit en totalité, soit en
partie, au moyen de produits susceptibles d'être warrantés? Dans le cas même où il se serait réservé dans
le domaine un bâtiment pour engranger les récoltes à
lui dûes ou un terrain pour les recevoir en meules,
pourrait-il être admis à faire usage du warrant agricole?
Nous inclinons vers la négative.

La loi du 18 juillet 1898 est une loi d'exception, de
faveur pour ceux qui travaillent la terre, exploitent le
sol et lui font des avances : ses dispositions doivent donc
être interprêtées restrictivement, et le bailleur, qui
s'est déchargé sur un fermier de la surveillance et de
l'administration de son domaine, ne peut pas, de quelque nature que soient les fermages, prétendre qu'il
dispose de produits « provenant de son exploitation ».

Indépendamment de ces conditions générales relatives à la capacité et à la personne de l'emprunteur, il en
est de particulières, que nous avons maintenant à
examiner, et qui s'appliquent : d'une part, aux choses
pouvant faire l'objet d'un warrant ; d'autre part, aux

formalités auxquelles la création du warrant est subordonnée.

Section I. — *Produits Warrantables.*

« Les produits sur lesquels un warrant peut être créé, sont les suivants :

Céréales en gerbes ou battues ;

Fourrages secs, plantes officinales séchées ;

Légumes secs, fruits séchés et fécules ;

Matières textiles, animales ou végétales ;

Graines oléagineuses, graines à ensemencer ;

Vins, cidres, eau-de-vie et alcool de natures diverses ;

Cocons secs et cocons ayant servi au grainage ;

Bois exploités, résines et écorces à tan ;

Fromages, miels et cires ;

Huiles végétales ;

Sel marin. »

Telle est l'énumération contenue au deuxième alinéa de l'article 1. Elle est certainement limitative : M. Méline le déclarait dans son projet de loi ; M. Chastenet l'a répété dans son rapport ; l'article 1 l'a confirmé nettement en disposant que les produits, sur lesquels un agriculteur pourra emprunter, sont « énumérés ci-dessous ». Le législateur de 1898, soucieux de ne pas donner prise à certaines attaques qui à ses yeux avaient entraîné les échecs antérieurs, a eu le soin, non-seulement d'éliminer de son œuvre, pour les motifs que nous avons exposés à la fin de notre première partie, les récoltes pendantes, l'outillage agricole et les animaux attachés à la culture et à l'exploitation du fonds, mais encore de fixer, par une nomenclature détaillée et précise, ce qu'il fallait entendre par « produits agricoles ou industriels » warrantables. Il y a volontiers compris tout ce qui lui a été signalé comme constituant, pour les diverses régions, des produits d'exploitation agricole; c'est ainsi qu'en vertu d'amendements accueillis sans contestation, la liste arrêtée par la commission, déjà plus compréhensive que celle proposée par M. Méline, s'est encore accrue des fourrages secs, des plantes officinales séchées, des graines à ensemencer, des huiles végétales et du sel marin. Mais il a voulu exclure le bétail de toute espèce : cette question importante, qui a été la seule ayant soulevé un débat à la Chambre des députés, a abouti au rejet des deux amendements présentés en sens contraire, le premier par M. Codet, le second par le comte de Jouffroy d'Abhans.

Ces amendements, qui visaient : l'un « les animaux servant au travail ou à la reproduction », l'autre « le bétail assuré contre la mortalité, et, s'il s'agit d'un fermier, avec l'autorisation du propriétaire et déduction du cheptel », étaient d'ailleurs conçus en termes trop généraux pour rentrer dans le cadre de la loi du 18 juillet 1898. Cette loi a pour but de permettre aux agriculteurs d'emprunter sur leurs produits destinés à être vendus, mais dont il y a pour eux avantage à différer la vente. Elle ne saurait donc s'appliquer aux animaux, que le propriétaire place sur son propre fonds pour le service et l'exploitation de celui-ci (art. 524 C. civ.), ou qu'il livre à titre de cheptel à son fermier ou métayer (art. 522 C. civ.), puisque tous ces animaux sont l'accessoire de l'immeuble, qu'ils y sont attachés à demeure, et qu'ils participent de sa nature. De même, les bêtes de somme, de labour, ou de reproduction, dont un fermier garnit le domaine qui lui a été loué sans cheptel ou avec un cheptel incomplet, ne peuvent pas, malgré leur caractère mobilier, être considérées comme des produits périodiques ou des objets de consommation, c'est-à-dire comme des choses susceptibles d'être warrantées ; il y a d'autant plus de raison à le décider ainsi, que la loi de 1898 s'est efforcée de sauvegarder de son mieux le privilège du propriétaire, en se gardant d'atteindre d'autres meubles que ceux dont l'aliénation est normale, certaine et prévue (1).

1. M. Robert Beudant (*La loi du 18 juillet 1898 sur les Warrants agricoles*, extrait des *Annales de l'Université de Grenoble*, t. XI, n° 3), trouve que s'il était utile d'admettre le warrantage sans déplacement, c'était pour les récoltes sur pied, les instruments de culture et les troupeaux plutôt que pour les produits récoltés, car pour lui, en pratique, c'est avant la récolte et pour la préparer que le cultivateur a besoin d'argent, par conséquent de crédit, beaucoup plutô qu'après.

Mais il en est tout autrement des animaux d'élevage ou d'embouche. Chaque année, l'éleveur a à vendre un certain nombre de têtes de bétail, d'âges différents s'échelonnant depuis la bête née au printemps jusqu'aux vieux animaux dont la boucherie désormais peut seule tirer parti : s'il était admis par la loi du 18 juillet 1898 à emprunter sur ce stock d'animaux, il pourrait, lorsqu'il a du fourrage en excédent, acheter un certain nombre de jeunes bêtes qui le consommeraient, et qu'il revendrait au bout de quelques mois avec un sérieux bénéfice. De même, certaines contrées, la Nièvre par exemple, spéculent sur l'engraissement des animaux ou « embouche » ; dès le mois de février ou de mars, le propriétaire ou le fermier emboucheur parcourt les foires et commence à acheter le bétail maigre qu'il peut abriter dans ses étables ; un peu plus tard il le lâche dans les prés, dès que ceux-ci sont devenus praticables, et il complète alors son troupeau ; mais ces acquisitions s'effectuent en foire, par conséquent au comptant ; il n'a pas toujours les ressources suffi-

Il explique cette anomalie de la loi par cette considération que le législateur n'a pas envisagé le problème général du crédit agricole, mais qu'il a seulement pris comme point de départ une considération de fait déjà signalée ; celle des dangers que présente la vente en masse des produits au lendemain de la récolte. (Voir à la page 15 de la brochure publiée sur ce sujet par M. R. Beudant pour faire suite au *Cours de Droit civil français* de Ch. Beudant).

santes pour se procurer la quantité de bétail correspondant à l'importance de ses fourrages ; il est donc
privé d'un gain, qu'il lui deviendrait facile de réaliser
s'il était autorisé à gager un emprunt sur les groupes
d'animaux qu'il achète successivement, et qu'il revend
après la période assez brève de leur mise en état.
« Ce sont-là, — a dit M. Codet (1) lorsqu'il en est ar-
« rivé à discuter ce point spécial, — ce sont là des
« opérations faciles, certaines, qui n'offrent, on peut
« le dire, aucun aléa, qui se font dans de très courts
« délais, c'est-à-dire qui sont assimilables aux opéra-
« tions commerciales et qu'on pourrait appeler des
« opérations commerciales agricoles. Si votre loi ne
« s'appliquait pas à ces opérations, elle serait incom-
« plète et elle manquerait son but ».

Il est vrai, dans les conditions que nous venons de
préciser, que les animaux d'élevage et d'embouche
constituent, au sens de la loi du 18 juillet 1898, des
produits agricoles ou industriels provenant d'une exploitation rurale ; théoriquement, ils auraient dû, ce
nous semble, être compris au nombre des choses warrantables. Cependant, certaines considérations de fait
peuvent expliquer et justifier leur exclusion. La première, c'est que le bétail, étant sujet à dépérissement
et à des modifications incessantes, ne présente pas ce
caractère de fixité, d'où dépend la sécurité de la garan-

1. *Journ. off.* du 1ᵉʳ avril 1898, p. 1499.

tie et que l'on rencontre dans les récoltes qui ont été
cueillies, qui ont par suite une existence acquise, et
dont la forme, la qualité et la valeur sont fixées d'une
façon à peu près définitive. On peut ajouter que l'instabilité de la garantie serait d'autant plus à craindre qu'à
côté des animaux warrantables et mélangés à eux se
trouveraient les nombreux animaux frappés d'exclusion ; et que cette confusion, toujours dangereuse pour
le créancier, serait de nature aussi à inquièter gravement le propriétaire. Enfin, il est à remarquer qu'au
point de vue du crédit la situation des éleveurs et des
emboucheurs est depuis longtemps et de beaucoup préférable à celle des agriculteurs qui produisent du vin
ou des céréales : ils ont trouvé à la Banque de France
un concours très efficace (1). M. Giraud, nommé en
1865 Directeur de la succursale de la banque à Nevers,
s'était livré à une étude approfondie de la situation
agricole de la Nièvre, et, après avoir appris à connaître les hommes et les choses, il avait entrepris de fournir aux propriétaires et fermiers du département les
fonds nécessaires à leur principale industrie, l'embouche.

Il acceptait à l'escompte tous billets à ordre, dont
les trois signatures émanaient ou de seuls agriculteurs,

1. Annexe, n° 947, au procès-verbal de la séance du 25
octobre 1890 à la chambre des députés : Exposé des motifs de
la proposition de la loi de M. Antonin Proust sur « L'organisation du crédit agricole », pages 9, 32 à 35.

ou en même temps d'agriculteurs et de banquiers lo_
caux. Ces effets ne pouvaient être à plus de 90 jours
conformément aux statuts de la Banque de France,
mais un premier renouvellement n'était jamais refusé
et même un second était toléré quelquefois. Or, ce
système qui, dans une période de dix ou douze ans à
partir de 1867, avait permis de prêter plus de 130
millions à l'agriculture nivernaise, et qui lui avait fait
réaliser un bénéfice d'au moins 25 millions, a été étendu à d'autres départements et fonctionne notamment
dans le Cher, l'Allier, la Saône-et-Loire pour les emboucheurs, dans le Calvados et la Manche au profit de
ceux qui se livrent à l'engraissement du bétail et à l'é-
levage du cheval sous la qualification d'herbagers,
dans le Cantal et le Puy-de-Dôme en faveur de ceux
qui s'adonnent à l'élevage des jeunes bêtes. Grâce à
l'évolution relativement rapide des opérations de ce
genre, les agriculteurs s'occupant d'élevage ou d'embouche ont donc avec la Banque de France des facilités,
que n'ont point obtenues les autres exploitants. C'était
un nouveau motif de leur refuser le bénéfice de la loi
du 18 juillet 1898, qui est une œuvre d'essai, et qui,
étendue aux animaux, même dans les limites les plus
étroites aurait soulevé de sérieuses difficultés d'application et peut-être provoqué au Sénat une assez vive
résistance.

SECTION II. — *Formalités prescrites pour l'établissement du warrant agricole.*

Le législateur de 1898, voulant créer un titre agricole correspondant au warrant commercial, a considéré l'exploitation rurale de l'emprunteur comme l'équivalent du magasin général qui dans l'espèce fait défaut. Il exige donc que l'emprunteur conserve la garde des produits, affectés à la garantie de sa dette, dans les bâtiments ou sur les terres de son exploitation ; et c'est également l'emprunteur qui doit fournir toutes les indications utiles à la constitution du warrant. Mais, comme l'assimilation de l'emprunteur avec le magasinier est une pure fiction, que le premier ne présente pas les garanties multiples qui résultent de l'institution du second, et que sa demeure ne pouvait absolument pas être traitée comme l'égale d'un établissement en quelque sorte public, c'est le greffier de la justice de paix du canton, où l'emprunteur à son domicile, qui a été chargé de la rédaction du warrant et de la tenue du registre confié, en matière commerciale, à l'exploitant du magasin général.

Les formalités, auxquelles donne lieu l'établissement d'un warrant agricole, sont de deux sortes : les unes sont générales et doivent toujours être observées ; les autres ne s'appliquent qu'au cas où l'emprunteur n'est pas le propriétaire ou l'usufruitier de son exploitation.

Une circulaire du Garde des Sceaux, en date du 16
août 1898, « pour l'exécution de la loi sur les Warrants
agricoles », a fixé les formules et réglé les détails
d'application, suivant un modèle qui sera reproduit à
la fin de cette étude.

§ I. —Règles Générales.

Tout agriculteur, désireux d'emprunter sur ses
produits, peut, lorsqu'il est propriétaire ou usufruitier
de son exploitation, obtenir au greffe de la justice de
paix de son canton la délivrance immédiate d'un warrant agricole.

La loi du 18 juillet 1898, article 3, § 1, prescrit au
greffier de tenir un registre spécial à souches, dont
chaque feuille correspond à la création d'un warrant.
Le recto de la feuille est divisé en deux parties: l'une,
la souche, est la minute qui restera au greffe ; l'autre
destinée à être détachée du registre (art. 3 § 3), deviendra le warrant agricole. Le greffier inscrit sur ces
deux parties du registre, c'est-à-dire sur la souche
et sur le warrant, les indications suivantes, qui lui sont
fournies par l'agriculteur, et dont il n'a pas à contrô-
ler l'exactitude.

1° « Les nom, prénoms, domicile et qualité de l'emprunteur ». —La loi de 1898 ne le dit pas, mais il est
évident qu'elle s'est implicitement référée à la loi du

28 mai 1858 au sujet de ces mentions qui sont, en notre matière, au moins aussi essentielles qu'en matière commerciale.

2. « Le montant des sommes à emprunter » (art. 3, § 1). — Cette énonciation en matière commerciale n'est contenue que dans l'endossement du warrant ; mais elle était indispensable au cas d'emprunt du fermier, ainsi que nous le verrons au paragraphe suivant, et la loi de 1898 l'a prescrite d'une manière générale.

3. « La nature, la quantité et la valeur des produits warrantés (art. 3, § 1), ainsi que leur situation, soit dans un bâtiment du domaine de l'emprunteur, soit en meules dans les terres qui en dépendent (art. 1, § 1) ». — Ces mentions ont pour but d'individualiser la marchandise, d'établir son identité, et de permettre au prêteur d'apprécier si la valeur du gage offert est proportionnée à l'importance du prêt sollicité. Le prêteur peut d'ailleurs demander une expertise préalable pour l'estimation des produits : les résultats en sont alors consignés sur la souche et sur le warrant ; mais cette expertise est purement facultative, M. Méline, dans son projet de loi, et M. Chastenet, dans son rapport, l'ont très nettement expliqué.

4° « La mention de l'assurance du produit warranté avec le nom et l'adresse de l'assureur, ou la mention que le produit n'a pas été assuré » (art. 4, § 1). Les projets Delaunay et Méline exigeaient que le produit warranté fût toujours l'objet d'une assurance préala-

ble, estimant que c'était là une mesure conservatoire
indispensable à la sécurité du prêteur. Mais la Commission n'a pas partagé cet avis et, tout en reconnaissant
l'utilité de l'assurance, elle a refusé de la rendre obligatoire.

« Quel que soit le sentiment que l'on professe sur le
« principe général de l'assurance obligatoire, dit
« M. Chastenet dans son rapport (1), il ne saurait en
« tous cas être établi que par une législation spéciale
« et se suffisant à elle-même. L'introduire incidemment
« en matière de warrants, ce serait substituer à la
« libre appréciation du prêteur une formalité aussi ar-
« bitraire et inefficace que souvent impossible à rem-
« plir. Qui serait juge de la solvabilité de la compagnie
« et de la régularité de l'assurance ? Cette assurance
« devrait-elle être générale ou spéciale ? Pourquoi in-
« terdire aux parties de conserver les risques à leur
« charge et d'être leurs propres assureurs ? Quelle
« sanction donnerait-on à l'omission de cette formalité ?
« N'était-il pas évident, enfin, que dans beaucoup de
« cas l'assurance n'étant pas préexistante, les délais
« nécessaires à sa conclusion ne s'accommoderaient
« pas avec l'exigence du prêt et rendraient ainsi impos-
« sible la constitution du warrant. C'est au prêteur à
« exiger l'assurance, lorsqu'il la croira utile. Cette exi-
« gence peut aussi trouver sa place dans les statuts des

1. Annexe, no 2869, au procès-verbal de la séance du 3
décembre 1897 à la Chambre des Députés : p. 14.

« sociétés de crédit ou des syndicats agricoles qui prê-
« teront sur warrants, mais ce n'était pas à la loi d'im-
« poser au prêteur une garantie que celui-ci peut consi-
« dérer comme inutile. Ce qui est utile, c'est qu'aucune
« surprise ne soit possible, que le prêteur et que les
« tiers soient parfaitement éclairés, et c'est à cela que
« pourvoit suffisamment la nouvelle rédaction de l'article
« 4. » Ces considérations étaient pleines de force ; aussi
le texte de la commission a été voté sans débat. Nous
pouvons ajouter que la règle est la même en matière
commerciale : l'arrêté du 26 mars 1848 avait, à la vérité, rendu l'assurance obligatoire pour le déposant,
mais il a été abrogé par la loi du 28 mai 1858, (article
15), qui est revenu au principe de la liberté des conventions.

Lorsque les diverses mentions qui précèdent ont été
inscrites sur les deux parties du registre à souches, le
greffier sépare le warrant du talon, et il le remet à
l'agriculteur ; celui-ci peut alors réaliser son emprunt
(art, 3, § 3).

**§ II. — Règles spéciales au cas où l'emprunteur n'est pas
propriétaire ou usufruitier de son exploitation.**

Lorsque l'exploitant, qui veut emprunter sur warrant, est un fermier, la situation se complique d'un
élément nouveau : les droits privilégiés du bailleur.
Tous les produits warrantables sont, en effet, des

« fruits de la récolte de l'année », et, comme tels, ils sont atteints de plein droit par le privilège de l'article 2102-1° du code civil. Ce privilège s'évanouit, il est vrai, en cas de vente volontaire, dès que les récoltes ont été livrées à un acheteur de bonne foi : le propriétaire est censé avoir consenti à l'aliénation de ces choses, qui sont d'après leur nature destinées à être vendues, et qui échappent par suite à toute saisie-revendication (1). Mais la vente forcée ne produit pas le même effet : le bailleur n'étant pas admis à s'opposer à la saisie des autres créanciers, le déplacement des objets ainsi vendus n'entraîne pas déchéance de son privilège. Lui-même peut procéder à la saisie-gagerie des récoltes (art. 819 à 825 C. pr. civ.), tant que celles-ci se trouvent sur les terres ou dans les bâtiments de la ferme. Par conséquent, si le droit commun était appliqué au prêt sur warrant agricole, le bailleur conserverait son privilège intact sur tous les produits affec_tés au remboursement de la dette, puisque le preneur en a gardé la possesion ; et il pourrait l'exercer au détriment du prêteur, soit en pratiquant une saisie-gagerie pour fermages antérieurs au prêt ou échus pendant sa durée, soit en invoquant son droit de préférence sur le prix des récoltes vendues publiquement à la

1. Demante et Colmet de Santerre, t. IX, n° 28 *bis*, XXXI. *Gaz. Pal.*, rép., t. 10, V· *Privilège*, n° 86. — Aubry et Rau, 5ᵉ édit., t. 3, § 261, p. 252 et 254.

requête du porteur du warrant· qui n'aurait pas·été désintéressé à l'échéance.

La menace d'un aussi redoutable conflit aurait à coup sûr effrayé et découragé les capitalistes, et l'emprunt sur warrant aurait été, en fait, interdit aux fermiers. Le législateur de 1898 ne l'a pas voulu ; il a pensé avec raison que si les warrants agricoles devaient rendre des services aux 2.600.000 agriculteurs qui exploitent leur propre sol, il fallait, autant que possible, en étendre le le bénéfice aux 468.000 fermiers (1) qui se livrent, pour le compte d'autrui, aux mêmes travaux de culture. Pour cela, il a édicté des règles spéciales, qui nous paraissent avoir résolu de façon assez heureuse une difficulté sérieuse, complexe et assurément délicate.

L'article 2 organise la procédure qui devient, en pareille hypothèse, le préliminaire indispensable de la création du warrant. Le cultivateur, qui n'est pas propriétaire ou usufruitier de son exploitation, est tenu, avant tout emprunt, de prévenir son bailleur « de la nature, de la valeur et de la quantité des marchandises qui doivent servir de gage pour l'emprunt, ainsi que du montant des sommes à emprunter ». Cet avis, qui contient les principales énonciations que nous avons vu figurer sur le warrant, est donné par simple lettre ; mais cette lettre, dont la teneur a besoin d'être contrô-

____

1. Chiffres donnés au Sénat par le rapporteur de la loi : *Journ. Off.*, du 9 juillet 1898, p. 791.

lée et l'envoi assuré, est remise au greffier de la justice de paix, qui en fait mention sur un registre spécial, distinct du registre à souches, qui la vise, et qui
l'expédie lui-même au destinataire sous forme de lettre
recommandée comportant un accusé de réception. Le
propriétaire, l'usufruitier ou leur mandataire légal dési-
gné, « dans le cas où des termes échus leur seraient
dûs, » ont « un délai de douze jours francs à partir de la
lettre recommandée » pour « s'opposer au prêt sur les
dits produits par une autre lettre adressée au greffier
du juge de paix et également recommandée ».

Après l'expiration de ce délai, si le bailleur n'a pas
formé opposition, le greffier du juge de paix doit, d'a-
près l'article 3, § 2, mentionner sur les deux parties
de son registre à souches, en outre des indications ordinaires, « la date de l'envoi de l'avis au propriétaire ou
usufruitier ainsi que la non-opposition de leur part
après douze jours francs à partir de l'envoi de la
lettre recommandée. » Le warrant, complété par ces
mentions, est alors délivré.

L'article 11 fait connaître l'utilité de la procédure
qui précède, en décidant qu'à défaut de remboursement à l'échéance, le porteur du warrant est payé sur
le prix de vente des récoltes warrantées, « par privilège et préférence à tous créanciers, sans autre déduction que celle des contributions directes et des frais
de vente. ».

Telles sont les dispositions qui se réfèrent ou se

rattachent à l'emprunt des fermiers. Nous avons tenu
à les rapprocher, à les réunir dans un même exposé,
afin de dégager de leur ensemble l'idée dominante de la
loi. Un droit nouveau est reconnu au bailleur et réglementé, c'est celui de s'opposer à ce que le preneur
warrante ses récoltes ; en revanche, là conservation ou
la perte de son privilège dépend de l'exercice, dans
un certain délai, de ce droit d'opposition. Ainsi se
trouve écarté tout concours éventuel entre le bailleur
d'un fonds rural et le créancier porteur d'un warrant
agricole : en présence d'une opposition légitime, l'emprunt est interdit et le prêteur disparaît ; à défaut d'opposition, au contraire, le prêt est consenti avec une entière sécurité, car le bailleur a perdu, au regard du
prêteur, toute action sur les produits warrantés.

Le droit d'opposition du bailleur a donc une réelle
importance ; nous devons examiner quelle est son
étendue, quelles sont les conditions de son exercice,
dans quelle forme il se produit, et quelles conséquences sont attachées à sa manifestation.

I. — Aux termes de l'article 2102, 1° du code civil,
modifié par l'article 1er de la loi du 19 février 1889, le
bailleur d'un fonds rural a privilège « pour les fermages des deux dernières années échues, de l'année courante et d'une année à partir de l'expiration de l'année
courante, ainsi que pour tout ce qui concerne l'exécution du bail et pour les dommages-intérêts qui pourront lui être accordés par les tribunaux. » La loi du

18 juillet 1898 lui reconnaît-elle le droit de former, pour toutes ces causes, opposition à l'emprunt sur warrant que son fermier manifeste l'intention de contracter ? Assurément non : elle exige au contraire que le bailleur soit créancier de « termes échus », c'est-à-dire de fermages actuellement dûs et exigibles. Par ces mots « termes échus », il faut d'ailleurs entendre, ainsi que l'a déclaré à la tribune du Sénat M. Viger, Ministre de l'agriculture (1), répondant à une question de M. Guibourd de Luzinais, que le droit d'opposition du propriétaire existe qu'il lui soit dû un terme ou qu'il lui en soit dû plusieurs, qu'il lui soit dû un terme entier ou seulement une partie de ce terme après acomptes reçus : dans tous ces cas il y a créance de « termes échus » au sens de la loi.

Toutes autres créances sont inopérantes : ni la prochaine échéance d'un terme, ni les dommages-intérêts éventuels, ni mêmes des avances faites au preneur en exécution du bail, ne sauraient motiver l'opposition du propriétaire. Ce droit n'est attaché qu'à la seule créance de fermages échus : la règle posée par la loi de 1898 ne comporte aucun tempérament, aucune exception (2).

Aussi M. Théodore Girard (3) estimant que les droits

1. *Journal off.* du 9 juillet 1898, p. 792.

2. *Journ. off.* du 9 juillet 1898, p. 789 et 790.

3. Malgré les termes de la loi et de la discussion si nette et si formelle à laquelle ils ont donné lieu, M. R. Beudant

du propriétaire étaient de la sorte gravement com-
promis, avait-il présenté au Sénat un amendement, tendant à faire admettre que le bailleur pourrait s'opposer
au prêt sur warrant agricole, non seulement dans le cas
où des termes échus lui seraient dûs, mais encore dans
le cas où « ce qui garnirait le fonds loué, non compris les
objets warrantés, serait d'une valeur insuffisante pour
répondre des termes courants et de ce qui concerne
l'exécution du bail. »

A l'appui de sa proposition, M. Théodore Girard
soutenait que la disposition du § 3 de l'article 2 de la
loi en discussion, en refusant le droit d'opposition au
propriétaire lorsqu'il ne lui serait rien dû au moment

(*Op, cit.*) s'appuyant sur les paroles du rapporteur, qui a déclaré que le privilège du propriétaire était laissé intact, s'est
demandé si le législateur n'a pas eu l'intention de laisser
complétement libre le droit d'opposition du bailleur. « Cette
« expression (termes échus) dit-il, ne s'applique directement
« qu'aux créances ayant pour objet les fermages des années
« échues, les « termes échus » des fermages. Elle peut à la
« rigueur être regardée comme s'appliquant en outre aux
« créances exigibles qui se rapportent à l'exécution du bail, par
« exemple à une créance de dommages-intérêts mis par jus-
« tice à la charge du fermier, cette interprétation est déjà
« bien extensive et ne saurait être élargie davantage. D'où
« la conséquence que le bailleur serait non recevable à faire
« opposition pour garantir soit la créance future ayant pour
« objet les fermages à échoir, soit sa créance éventuelle en
« dommages-intérêts. »

du prêt, ne protégeait pas suffisamment les droits qui lui appartiennent en vertu de l'article 2102 du code civil modifié par la loi du 19 février 1889 ; et que le vote de son amendement était indispensable pour assurer la sauvegarde de ses intérèts. « Autrement, disait-« il, vous arriverez à ce résultat qu'un fermier, après « avoir récolté ses produits, ne devant rien à son pro-« priétaire que l'année courante non encore échue, « pourra parfaitement les gager, et que lorsque le « propriétaire voudra se faire payer de l'année cou-« rante, la partie la plus importante de son actif aura « disparu et sera le gage d'un tiers ».

La loi du 18 juillet 1898 ne mérite pas cette critique. En permettant de substituer le warrantage des récoltes à leur vente précipitée et peu rémunératrice, elle n'a pas en effet rendu la situation du bailleur plus mauvaise au cas d'emprunt sur warrant qu'au cas de vente. En cas de vente, ainsi que nous l'avons vu, le propriétaire, qui veut l'empêcher, est obligé de prévoir cette aliénation et de la prévenir par une saisie-gagerie ; mais la saisie-gagerie des récoltes n'est permise que pour garantir une créance de « fermages échus » (art. 819, § 1, C. pr. c.)

Le bailleur ne pourrait donc y recourir pour aucune autre cause : les fermages à échoir, les réparations locatives, le remboursement des avances, les indemnités éventuelles pour résiliation du bail, pour détériorations ou pertes imputables au preneur, sont garantis

soit par les récoltes futures qui, le cas échéant, pourront faire l'objet d'une saisie-brandon, soit par les
animaux et les objets mobiliers qui garnissent la ferme, et qui ne peuvent être déplacés sans le consentement du propriétaire sous peine de saisie-revendication
pendant quarante jours. Or, la situation du bailleur
reste la même lorsque le fermier, au lieu de vendre
ses récoltes, les affecte à un emprunt sur warrant, ou
plutôt elle devient préférable sous un double rapport :
d'une part, l'emprunt, à la différence de la vente, ne
peut être effectué à l'insu du propriétaire ; d'autre
part, celui-ci, dès qu'il lui est dû des fermages, peut
mettre obstacle au prêt sans avoir besoin de recourir
à la procédure de la saisie-gagerie, il lui suffit de manifester sa volonté par simple lettre recommandée. Le
Sénat, avec raison, a repoussé l'amendement de M.
Théodore Girard.

A l'inverse M. Hogrel, dans son commentaire (1)
reproche au législateur de 1898 d'avoir accordé au
bailleur un droit d'opposition à l'emprunt, même pour
termes échus. Puisque le fermier, dit-il, peut vendre
les produits de sa récolte sans consulter le propriétaire et sans solliciter son assentiment, il fallait, pour
être logique, lui permettre de les warranter aussi librement, sans la permission du bailleur. Avec le système
adopté, le preneur se trouve dans cette singulière si-

1. Hogrel, *War. agr.* p. 57 à 60.

tuation qu'il peut aliéner et qu'il ne peut pas gager un emprunt sur ses récoltes, qu'il peut le plus et qu'il ne peut pas le moins. La loi gagnerait donc, tant au point de vue rationnel qu'au point de vue pratique et utilitaire, à la suppression de ce droit d'opposition qui renferme pour le fermier quelque chose d'humiliant, Nous sommes loin de partager cet avis et de nous associer à cette censure. M. Hogrel oublie que ce n'est pas la vente des récoltes, mais leur déplacement seul qui entraîne la perte du privilége du bailleur et que jusqu'à la livraison tous les droits de celui-ci restent intacts. Si cette livraison, par exemple, était différée de deux ou trois mois, la vente serait durant cette période de nul effet au regard du bailleur qui même pour fermages échus postérieurement au contrat, pourrait saisir-gager les récoltes sur les terres ou dans les bâtiments de la ferme, et se faire payer par préférence sur leur prix. Comme nous l'avons déjà exposé, il en aurait été ainsi, par application des mêmes principes, au cas d'emprunt sur warrant, puisque les récoltes servant de gage ne sont pas déplacées; le mérite de la disposition critiquée est précisément d'avoir modifié cet état de choses, non pas au détriment, mais dans l'intérêt sainement compris du preneur qui n'aurait jamais pu emprunter sur warrant si le moyen ne lui avait pas été fourni de purger le privilège du propriétaire.

II. — L'exercice du droit d'opposition est subordonné

à une mise en demeure du bailleur et à l'observation d'un certain délai.

1° La mise en demeure résulte de la lettre, que le preneur est tenu d'adresser à son propriétaire, sous le contrôle et par l'intermédiaire du greffier de la justice de paix, qui retient, comme preuve de l'envoi, d'abord le bulletin délivré au moment de la recommandation, puis l'accusé de réception transmis par la poste aussitôt après la remise du pli au destinataire.

Cette lettre est obligatoire pour tout cultivateur qui n'est pas, dit le texte, « propriétaire ou usufruitier de son exploitation ». L'envoi en est donc imposé au métayer aussi bien qu'au fermier : cela doit être, en effet, puisque le privilège de l'article 2102-1° du Code civil existe en cas de bail à colonage partiaire et garantit notamment la livraison au propriétaire de la partie des fruits qui lui revient en vertu du contrat (1).

L'article 2 ajoute : « Cet avis devra être donné au propriétaire, à l'usufruitier ou à leur mandataire légal ». Il eût été plus simple et plus exact de dire « au bailleur ou à son représentant légal », en se servant d'une formule générale qui aurait embrassé toutes les hypothèses. Il est évident, par exemple, que le locataire principal, auquel la faculté de sous-louer n'était pas interdite par la nature ou par les stipulations de son contrat, et qui en a fait usage, doit recevoir du fermier

1. *Gaz. Pal.*, *Rép.*, t. 2, v° *Bail*, n°ˢ 396 et 397.

l'avertissement d'emprunt sur warrant ; mais si tel est l'esprit de la loi, c'est une lacune dans son texte. Par les expressions de « mandataire légal » il faut entendre le tuteur, le mari ou le syndic du propriétaire, de l'usufruitier ou du locataire principal, si celui-ci est un mineur, un interdit, une femme mariée ou un failli. Que décider si le propriétaire est un mineur émancipé ou s'il est pourvu d'un conseil judiciaire ? Une lettre d'avis devra-t-elle être adressée, en même temps qu'à lui-même, à son curateur ou à son conseil ? Cela ne saurait être nécessaire : le droit d'opposition, conféré au bailleur, rentre certainement dans la classe des actes de pure administration, que le mineur émancipé a capacité pour faire seul aussi bien que l'individu pourvu d'un conseil judiciaire.

2° La remise à la poste de la lettre d'avis, expédiée par le greffier à la requête du preneur, marque le point de départ du délai de douze jours laissé au propriétaire ou à l'usufruitier pour prendre partie et pour notifier, le cas échéant, son opposition.

Ce délai de douze jours est « franc », c'est-à-dire que le premier et le dernier jours ne comptent pas : si la lettre, par exemple, a été recommandée le 1er février, le délai d'opposition expirera seulement le 14 au soir.

La loi ne parle que de la franchise du délai ; faut-il appliquer au calcul de ce délai les autres règles établies par l'article 1033 du code de procédure, modifié par les lois du 3 mai 1862 et du 13 avril 1895 ? En ce qui concerne l'augmentation à raison des distances, qui est d'un jour par cinq myriamètres, nous n'hésitons pas à admettre que la loi du 18 juillet 1898 ne l'a pas autorisée (1). Cette prolongation serait contraire à son esprit et à son texte : contraire à son esprit, qui a été d'accorder au bailleur un temps suffisant, mais aussi court que possible, pour prendre une décision (2) ; contraire à son texte, parce que l'article 3, dans ses 2ᵉ et 3ᵉ paragraphes, prévoit, sans restriction ni distinction, la délivrance du warrant au fermier « après douze jours francs à partir de l'envoi de la lettre recommandée ». — Plus incertaine nous paraît être la solution au sujet de la prorogation de l'échéance au lendemain, lorsque le dernier jour du délai est un jour férié.

La lettre recommandée, par laquelle le bailleur notifie son opposition, devant parvenir au greffier avant l'expiration du délai de douze jours francs, doit être mise à la poste généralement l'avant-dernier jour, et, au plus tard, lorsque les localités sont très rapprochées et très bien desservies, dans la matinée du dernier jour. Or, tous les bureaux de poste sont ouverts, même les jours fériés, au moins jusqu'à midi : il serait donc toujours possible au bailleur de remplir en temps utile

1. Conf. Hogrel, *War. agr.*, p. 23.

2. Annexe, nᵉ 2750, au procès-verbal de la séance du 28 octobre 1897 à la Chambre des députés, p. 4.

la formalité prévue, que le dernier jour du délai soit
ou ne soit pas un jour férié. Malgré cette raison de
douter, malgré le désir du législateur d'abréger le
délai ; on est cependant amené à reconnaître ici la légi-
timité, la nécessité de cette prorogation d'un jour. En
effet, soit à cause du défaut de distributions dans l'après-
midi des jours fériés, soit par suite de la fermeture
dans ces occasions-là du greffe de la justice de paix,
soit encore par ce motif que dans les villes le facteur
pour le greffe n'est pas le même que pour l'habitation
personnelle du greffier, la lettre recommandée risque-
rait le plus souvent de ne pas parvenir en temps opportun au destinataire qui, si l'emprunteur pouvait réclamer le warrant dès le lendemain du jour férié, avant
l'heure souvent tardive de la distribution des lettres dans les chefs-lieux de cantons ruraux, serait
exposé à le délivrer au mépris des droits du propriétaire. Aussi le Garde des Sceaux, dans sa circulaire du
19 août 1898 (1), a-t-il rappelé aux greffiers que le
délai, lorsque le dernier jour était un jour férié devait
être prorogé jusqu'au lendemain.

III. — Le bailleur, qui veut s'opposer au prêt, doit
le faire par lettre recommandée, adressée au greffier
de la justice de paix du domicile de son fermier : la
date d'arrivée de cette lettre au greffe est aussitôt inscrite sur le registre « ad hoc ».

1. *Lois Nouvelles*, 1898, 3e partie, p. 290.

C'est là un mode de procéder, expéditif et peu coûteux, que le législateur de 1898 met à la disposition du propriétaire, mais qu'il ne lui impose pas. Le greffier pourrait sans aucun doute recevoir directement la déclaration du bailleur comparaissant en personne. De même, aucune irrégularité ne saurait être relevée contre l'opposition faite par acte d'huissier, au cas par exemple où le bailleur, soit parce qu'il ne sait ni lire ni écrire, soit parce qu'il a une habitation fort éloignée d'un bureau de poste, aurait cru devoir recourir au ministère de cet officier public, sauf à supporter lui-même les frais supplémentaires ainsi occasionnés.

A peine est-il besoin d'ajouter que toutes les formalités, prescrites par l'article 2, deviendraient inutiles, si le bailleur avait, à l'origine et dès les premiers jours, expressément autorisé l'emprunt : le warrant serait alors délivré sans délai, avec la mention du consentement donné par le propriétaire.

IV. — L'observation du délai de douze jours francs n'est de rigueur qu'autant qu'après l'envoi de la lettre recommandée au bailleur, celui-ci attend jusqu'à la dernière limite pour manifester son intention. Il est sensible que rien ne s'oppose plus à l'établissement du warrant, lorsque le propriétaire a fait parvenir son consentement formel.

A défaut d'une opposition ou d'une adhésion expresse, l'expiration du délai de douze jours est considérée par la loi du 18 juillet 1898 comme constituant une autori-

sation tacite. Il peut cependant arriver que par suite
d'une absence, d'un voyage, le bailleur n'ait pas reçu
la lettre d'avis ; et que le greffier de la justice de paix
ait, en quelque sorte, la preuve de ce fait. Si après
douze jours francs il n'a pas reçu l'accusé de récep—
tion prescrit par le 2e § de l'article 2, il est en effet
manifeste que le bailleur n'a pas été touché par la lettre d'avis, qu'il ignore le projet d'emprunt de son fermier, et qu'il lui a été impossible d'exercer son droit
d'opposition. Néanmoins, le warrant pourra-t-il, en
pareille occurrence, être refusé au fermier ? La négative est certaine. Le délai de douze jours francs est
fatal ; il emporte de plein droit déchéance du droit
d'opposition et perte, au regard du prêteur sur warrant, du privilège du bailleur. Peu importe que le propriétaire ait, par suite d'un évènement quelconque,
ignoré le projet d'emprunt : la loi n'admet aucun tempérament à la règle qu'elle pose. Au contraire, elle a
marqué sa volonté absolue et très nette de ne jamais
différer, en l'absence d'une opposition, l'emprunt du
fermier au-delà du terme qu'elle a fixé impérativement

Ce délai, en effet, d'après le projet du gouvernement (art. 3, § 2), était de « dix jours francs, courant
de la date d'avis de réception par la poste »; tout
déplacement du propriétaire aurait pu devenir ainsi la
cause d'un retard, que le fermier n'aurait eu aucun
moyen d'éviter, et qui aurait pu lui causer un sérieux
préjudice en enlevant à l'emprunt ses principaux

avantages ou même toute son utilité. Aussi le législateur de 1898 a-t-il consacré un autre système : il a
augmenté de deux jours le délai, et surtout il en a
modifié le point de départ qui a été reporté à la date
même de l'envoi de la lettre recommandée. Cette modification aurait dû amener la suppression des derniers
mots du § 2 de l'art. 2, puisque l'accusé de réception,
nécessaire dans la première rédaction, n'a plus aucune
raison d'être dans le texte définitif.Par oubli, cette cor-
rection n'a pas été faite ; mais l'accusé de réception
n'est plus désormais qu'une formalité sans portée, dont
l'omission, à notre avis, ne saurait exercer aucune
influence, et qu'il eût autant valu ne pas conserver.

A l'absence de toute opposition il faut assimiler
l'opposition tardive et l'opposition fondée sur tout autre
cause qu'une créance de fermages échus. Cette dernière règle souffre cependant exception dans le cas où
une stipulation expresse du bail aurait interdit au fermier la vente de certains produits, par exemple la
vente des foins et pailles qui dans les pays d'élevage
doivent être consommés en entier dans le domaine,
suivant une clause usuelle et généralement exprimée.
Le droit d'emprunter ne saurait être plus étendu que
le droit d'aliéner ; et, en pareille hypothèse, l'opposition du bailleur serait absolument légitime, et devrait
être accueillie si elle s'était produite dans le délai de
douze jours francs (1).

1. Il se peut que le fermier étant en retard avec son proprié-

En dehors de cette dérogation imposée par la convention des parties, la loi exige, pour que le propriétaire puisse empêcher l'emprunt de son fermier, le concours de ces deux conditions : créance de termes échus et opposition notifiée dans le délai de douze jours francs. S'il n'est dû aucun fermage, l'opposition manque de base et doit être rejetée comme non fondée. Elle est non recevable, si elle s'est produite après l'expiration du délai : le fermier, qui n'aurait pas encore reclamé le warrant, a un droit acquis à sa délivrance.

taire, veuille éluder l'obstacle, et se fasse passer faussement pour propriétaire du fonds qu'il exploite, de façon à ne pas être entravé par l'opposition de son propriétaire, Le bailleur n'est donc pas mis à même de faire opposition. Qu'en résulte-t-il au point de vue de la validité, de l'efficacité du warrantage ?

M. R. Beudant, *op. cit.* p. 23 résout d'une façon parfaite à notre avis cette délicate question. Il assimile le défaut d'avertissement du bailleur à l'opposition dont ce défaut d'avertissement lui a enlevé le bénéfice. Or l'opposition fait plus que de rendre le warrantage non opposable au bailleur elle le rend impossible. « D'où il faut conclure, ajoute M. Beudant, que le défaut d'avertissement peut être allégué par le bailleur comme une cause de nullité du warrantage ».

Naturellement dans ce cas l'art 405 C. P. s'appliquera contre le fermier, mais ce ne sera là qu'une satisfaction platonique pour le créancier qui aurait fait une avance dont il croyait à tort le remboursement gagé sur les produits warrantés.

Godemel   11

Le warrant, établi à la demande d'un fermier, doit contenir, indépendamment des énonciations générales que nous avons fait connaître : 1° les nom, prénoms et adresse du bailleur ; 2° la date de la réception de son consentement, ou la mention qu'il n'a pas formé opposition dans le délai de douze jours francs après l'envoi de la lettre d'avis. Ces indications, qui doivent être inscrites sur le talon du registre à souches aussi bien que sur le warrant, et qui donnent aux tiers intéressés la certitude que le privilège de l'article 2102-1° du code civil ne leur sera pas opposable, sont relevées sur le registre spécial, où se trouve également la copie de l'avertissement adressée au bailleur. La teneur de cet avertissement fournit au greffier les deux mentions substantielles, qui sont destinées à spécialiser le gage et à fixer le montant des sommes à emprunter ; il n'a, en principe, qu'à les reproduire, elles indiquent aux tiers dans quelle mesure le privilège du bailleur a été purgé au regard du porteur du warrant.

Mais, si le warrant ne peut être créé pour des quantités ou des sommes supérieures à celles annoncées au propriétaire, rien ne s'oppose à ce qu'il s'applique à un gage moindre ou à un prêt plus réduit. De même par analogie de ce qui est autorisé en matière commerciale (1), le fermier pourra former plusieurs lots

1. Décret du 12 mars 1859, (art. 15). Lyon-Caen et Renault, *Dr. com.*, t. 3, n° 359.

de la récolte offerte en gage, obtenir un warrant correspondant à chacun de ces lots, et contracter ainsi des emprunts partiels et successifs pour une somme totale n'excédant pas celle prévue dans la lettre d'avertissement.

CHAPITRE III

De la Négociation, du Remboursement, des Frais du Warrant agricole.

Section I. — *Négociation du Warrant agricole.*

La personne, à laquelle est demandée une avance de fonds, peut tenir à s'éclairer tout d'abord sur la situation de l'emprunteur et à savoir s'il a déjà mis d'autres warrants en circulation. La loi du 18 juillet 1898 lui en donne le moyen : l'article 5 oblige le greffier de la justice de paix à délivrer un état des inscriptions d'emprunts antérieures ou un certificat établissant qu'il n'en existe aucune, aux tiers qui le requièrent et qui justifient pour cela de l'autorisation de l'emprunteur. Cette autorisation a été exigée, afin d'éviter les simples indiscrétions ou une curiosité malveillante.

Lorsqu'il a trouvé un prêteur, acceptant en garantie les récoltes mentionnées sur son warrant, l'agriculteur lui transmet, par voie d'endossement, le bénéfice de ce warrant. Comme en matière commerciale (1), il peut y avoir plusieurs endossements successifs. Chaque endossement, qui s'inscrit au verso du warrant, doit énoncer les noms, profession et domicile du créancier, le montant en capital et intérêts de la créance garantie et l'époque de son échéance; il doit être daté et signé. Il est généralement rédigé en ces termes : « Bon pour « transfert du présent warrant à l'ordre de M....., de- « meurant à....., pour garantie, en capital et intérêts, « de la somme de..... (Date et signature) » (2).

Quand un warrant est endossé, tout cessionnaire est tenu, aux termes de l'article 9, « d'en donner avis immédiatement au greffier du juge de paix par lettre recommandée avec accusé de réception ». L'accomplissement de cette formalité, lorsqu'il s'agit du premier endossement, a d'abord pour résultat de lui donner date certaine et de rendre le warrant opposable aux tiers. Mais le législateur a aussi édicté cette disposition, en vue de faire connaître le nom et le domicile du porteur du warrant à l'emprunteur qui veut se libérer par anticipation. Aussi la même obligation est imposée au réescompteur comme à l'escompteur, à tous les cessionnaires subséquents comme au cessionnaire primitif du warrant.

1. Comp. Lyon-Caen et Renault, *Dr. comm.*, t. 3, n°˚ 360 à 364, 381 et 382.

2. Voir, au verso, le modèle reproduit à la fin de la présente étude.

L'avis est donné par lettre recommandée avec accusé de réception. La lettre doit évidemment contenir les indications propres à établir l'identité du warrant dont il s'agit, c'est-à-dire les indications relatives à la personne de l'emprunteur, à la nature, à la quantité, à la valeur des marchandises, et au montant de la somme empruntée, puis reproduire toutes les énonciations de l'endos. Ces dernières énonciations sont transcrites par le greffier sur son registre à souches, au verso du talon, qui contient ainsi le tableau de toutes les mutations opérées.

L'accusé de réception présente plusieurs avantages. D'abord, il assure l'exacte observation de la loi, car si la lettre s'est égarée, le porteur du warrant, ne recevant pas le récépissé de la poste, devra en envoyer une nouvelle. Puis, il fournit à l'escompteur, qui veut à son tour endosser le warrant, le moyen de justifier de l'accomplissement efficace de cette formalité, en annexant au warrant l'accusé de réception. Cette justification a une réelle importance, lorsqu'elle se réfère au premier endossement, car l'avis adressé au greffier est l'équivalent de la transcription exigée comme mesure de publicité par l'article 5, § 3, de la loi du 28 mai 1858 : la mention de cette transcription sur le warrant commercial est remplacée ici par l'accusé de réception.

Afin de favoriser la négociation des warrants agricoles, l'article 8, reproduisant une disposition de la loi de 1858, autorise les établissements publics de crédit à les recevoir comme effets de commerce, avec dispense d'une des signatures exigées par leurs statuts. La Banque de France peut donc escompter un warrant agricole revêtu de deux signatures seulement ; les comptoirs d'escompte et les sous-comptoirs peuvent se contenter d'une seule. La garantie qui résulte du gage est donc assimilée à la garantie que procure le cautionnement d'un tiers.

Cela est absolument juste pour le warrant commercial, dont l'endossement (art. 4 de la loi du 28 mai 1858) vaut nantissement de la marchandise au profit du cessionnaire : il y a là, au sens propre du mot, un véritable gage, que le propriétaire du magasin général détient pour le compte du porteur du warrant, et dont la conservation, jusqu'au remboursement de la créance, est assurée tant par l'organisation des magasins généraux et leur réglementation légale, que par les obligations diverses incombant à leurs exploitants à raison de leur qualité de dépositaires salariés (1). A ce dernier titre, ceux-ci sont tenus de représenter les marchandises à l'échéance, et de ne s'en dessaisir qu'au profit du porteur du warrant ; ils répondent aussi des pertes ou détériorations arrivées par leur faute, la preuve du cas fortuit ou de la force majeure restant à leur charge. En tant que concessionnaires tenus de vérifier la nature,

---

1. Lyon-Caen et Renault, *Dr. com.*, t. 3, n°s 399 à 402.

le poids, la quantité des marchandises déposées au magasin général, ils sont responsables des inexactitudes relatives à ces indications. Le porteur du warrant commercial peut donc avoir une entière sécurité : si à l'échéance son débiteur n'est pas en mesure de tenir l'engagement personnel qu'il a contracté, il sera sûr de retrouver le gage consigné au magasin général, et d'être désintéressé sur son prix.

Toutes les garanties, que nous venons d'énumérer, manquent au warrant agricole. Là pas de contrôle exercé sur la consistance, l'importance, l'existence même des produits compris au warrant, pas de magasin général, pas de dépôt entre les mains d'un tiers, pas de gage proprement dit. D'une part, le débiteur apprécie lui-même ses marchandises et dicte au greffier les énonciations qui s'y réfèrent ; d'autre part, il reste en possession des produits affectés au paiement de sa dette, et, cumulant ainsi la propriété et la possession, il peut les consommer, les mettre en gage ou les aliéner au préjudice du porteur du warrant qui, cela est hors de doute, reste désarmé contre ces actes de disposition et n'a aucun recours contre les tiers de bonne foi protégés par la maxime « en fait de meubles la possession vaut titre ». La situation présente donc pour le prêteur un double danger : quels moyens a-t-il de se protéger ?

Examinons les deux hypothèses :

Afin de parer à l'incertitude relative à l'existence

et à la valeur des produits désignés au warrant, le projet Delaunay prescrivait une expertise préalable. Nous savons que le Gouvernement, la Commission et le Parlement ont été d'accord pour repousser cette mesure, en tant qu'elle était obligatoire. Mais il est loisible au prêteur de l'exiger, et ce sera de sa part une sage précaution lorsqu'il ne pourra pas procéder à une vérification lui-même et de visu : il n'a pas d'autres moyens de se prémunir contre les exagérations inconscientes ou les affirmations de mauvaise foi. Cependant, en cas de fraude, la loi pénale lui prêterait son appui. L'emprunteur qui, pour se faire remettre des fonds par un capitaliste, présenterait à celui-ci un warrant dressé sur des déclarations mensongères au sujet de ses produits, emploierait des manœuvres frauduleuses, constitutives du délit d'escroquerie, que l'article 405 du code pénal punit d'un à cinq ans d'emprisonnement (1). Il en serait de même s'il avait fait usage d'une fausse qualité, par exemple, si étant fermier il s'était fait inscrire sur le warrant comme propriétaire ou usufruitier de son exploitation. Le législateur de 1898 s'en est référé sur ce point au droit commun.

Il a, au contraire, jugé son intervention indispensable pour protéger le créancier contre les actes de disposition de l'emprunteur sur warrant. Admettant cette

1. Annexe, n° 2869, au procès-verbal de la séance du 3 décembre 1897 à la Chambre des députés : *Rapport de M. Chastenet*, p. 16.

fiction qu'il s'opère une sorte de tradition *brevi manu* ou quasi-tradition des produits warrantés, et que le propriétaire de ces produits se trouve détenir sa propre chose pour le compte du créancier (1), il le considère comme un véritable dépositaire et lui impose toutes les obligations et tous les devoirs qui naissent de ce contrat. C'est là le sens qu'il faut attacher à la disposition finale de l'article premier : « Le cultivateur est responsable de la marchandise qui reste confiée à ses soins et à sa garde, et cela sans indemnité ». Il est responsable au même titre que l'exploitant d'un magasin général, auquel la loi autant que possible l'assimile, et dont elle lui confie les fonctions relatives à la garde et à la conservation de la chose : ces fonctions à la vérité sont gratuites, mais cela vient de ce qu'en sa qualité d'emprunteur il aurait eu à se payer à lui-même les frais de dépôt ; et, comme il les exerce en définitive pour son propre avantage, il est tenu (art. 1928. 3° C. civ.), avec autant de rigueur que s'il était salarié, des obligations imposées au dépositaire. Cela, d'ailleurs, ne présente qu'un bien médiocre intérêt au point de vue civil : le dépositaire étant propriétaire des produits warrantés, la perte et les détériorations, survenues ou non par sa faute, seraient indistinctement restées à sa charge en vertu du principe « *res perit domino* » ; et, s'il est insolvable, la disparition totale ou partielle du

1. *Rapport Chastenet*, p. 10 et 11.

gage retombe fatalement sur le porteur du warrant, que celui-ci agisse en vertu de l'action de dépôt ou de celle dérivant du prêt. Mais, l'assimilation de l'emprunteur sur warrant au dépositaire prend une singulière importance, lorsqu'on envisage les conséquences pénales qu'elle entraîne.

Aux termes de l'article 408 C. pén., le dépositaire qui détourne ou dissipe, au préjudice des propriétaires, possesseurs ou détenteurs, des effets ou marchandises qui ne lui ont été remis qu'à la charge de les rendre ou représenter, est puni des peines portées en l'article 406, c'est-à-dire d'un emprisonnement de deux mois au moins, de deux ans au plus, et d'une amende, sauf l'application de l'article 463 sur les circonstances atténuantes. L'article 13 de la loi du 18 juillet 1898, afin de ne laisser subsister aucun doute, a reproduit cette disposition et l'a même aggravée en l'étendant aux simples détériorations volontaires. L'agriculteur qui consommerait, qui détruirait, qui donnerait, qui mettrait en gage, qui aliénerait, qui détournerait, ou qui détériorerait volontairement les produits qu'il a warrantés, se rendrait donc coupable d'un délit et serait passible des peines de l'abus de confiance. Il y a là une garantie sérieuse de sa fidélité, une sanction importante à son obligation de garder, de conserver, et de représenter à l'échéance les produits warrantés. De semblables mesures s'imposaient, pour obvier à l'instabilité du gage laissé en la possession de l'emprunteur, pour provoquer et retenir la confiance du créancier, et pour rendre ainsi possible la négociation des warrants agricoles.

SECTION II. — *Remboursement du warrant agricole.*

L'agriculteur, qui emprunte sur warrant, a, comme tout débiteur, pour obligation principale de payer sa dette à l'échéance. S'il tient son engagement, il libère par cela même sa marchandise ; le warrantage des récoltes n'étant qu'un contrat accessoire intervenu à titre de garantie, n'a plus de cause lorsque l'emprunteur a fait honneur à sa signature.

Comme conséquence et comme preuve du paiement, le warrant acquitté est remis à son souscripteur qui, ayant intérêt à ne pas le voir figurer plus tard sur un état d'inscriptions doit le présenter au greffier de la justice de paix. Celui-ci inscrit sur le registre à souches, au recto et au bas du talon, la date de ce remboursement et la radiation de l'inscription, et délivre à l'agriculteur un récépissé constatant cette radiation (art. 6).

Si le bénéficiaire du warrant agricole avait perdu son titre, il pourrait, par analogie de ce que décide l'article 12 de la loi du 28 mai 1858 pour le warrant commercial, obtenir par ordonnance du juge, en prouvant sa propriété, et en donnant caution, le paiement de la créance garantie. Nous pensons que le juge compétent pour délivrer l'ordonnance serait le juge de paix du domicile de l'emprunteur, l'article 7, § 2, et l'article 11 de la loi de 1898, ayant conféré à ce magistrat le pouvoir de statuer sur des questions semblables. Quant à la preuve de la propriété, elle pourrait être faite par tous les moyens, conformément à l'article 1348, § 4 du code civil. L'emprunteur ferait alors constater sa libération au greffe, en produisant l'ordonnance par laquelle le warrant aurait été remplacé.

Le remboursement du warrant à l'échéance est le fait le plus normal et sera très fréquent. Cependant le débiteur peut, ou bien avoir intérêt à se libérer par anticipation, ou au contraire ne pas être en mesure de s'acquitter à la date convenue. La loi du 18 juillet 1898, comme l'avait fait la loi du 28 mai 1858, a prévu ces deux hypothèses.

§ I. — *Du paiement par anticipation.*

Pour que la loi du 18 juillet 1898 atteigne son but, il faut que le cultivateur, qui emprunte sur warrant, ait à tout instant la faculté de vendre les produits warrantés, soit afin de profiter des cours favorables du marché, soit même, lorsqu'il a engagé la totalité ou la majeure partie de ses récoltes, afin de faire, à l'échéance, honneur à sa signature.

Or, l'emprunt sur warrant n'enlève-t-il pas au débiteur le droit de vendre les produits warrantés ?

On l'a soutenu (1). On cite les termes de l'article 1⁰ʳ, § 3 : « Le produit agricole warranté reste, jusqu'au remboursement des sommes avancées, le gage du porteur du warrant ». On rappelle les sanctions pénales édictées par l'article 13 contre quiconque aurait détourné, dissipé ou même simplement détérioré les marchandises qu'il aurait affectées à la garantie d'un prêt. On invoque enfin les paroles prononcée au Sénat par le Ministre de l'agriculture (2) qui, répondant à une question de M. Édouard Millaud paraît avoir admis que le droit de vendre était subordonné au remboursement préalable du warrant.

Il faut tout d'abord préciser le sens de la portée qu'on attache au mot « vente ». Les articles 1582 et 1583 du code civil imposent au vendeur deux obligations principales : celle de transférer la propriété de la chose vendue et celle d'en effectuer la délivrance, c'est à-dire d'en transmettre la possession à l'acheteur. Ces deux obligations reçoivent une exécution concomitante et immédiate, lorsque la remise de la chose accompagne la conclusion du marché, comme il arrive souvent en cas de vente de denrées ou d'un meuble déterminé. Mais parfois aussi la propriété est acquise à l'acheteur,

1. Hogrel, *War. agr.*, p. 27, *in fine*, texte et note 1. Journal *Le Centre agricole*, 1899, p. 62.

2. *Journ. off.* du 9 juillet 1898, p. 793.

tandis qu'un terme a été stipulé pour la délivrance. Or,
cette distinction élémentaire entre la propriété et la
possession de la chose est essentielle en notre matière :
elle nous permet de concilier les droits de propriétaire,
qui appartiennent à l'agriculteur sur les produits warrantés, avec ses obligations de dépositaire. Comme propriétaire, il peut vendre, pendant la durée du prêt,
c'est-à-dire transférer à un tiers, quand il lui plaît, la
propriété des produits ; mais, comme dépositaire, il est
tenu d'en conserver la possession jusqu'à ce que le porteur du warrant ait été désintéressé.

Les droits de tous étant sauvegardés, il ne nous
paraît pas douteux qu'il est loisible à l'emprunteur sur
warrant agricole de vendre dans ces conditions les
produits warrantés : la vente qu'il consent comporte
seulement un délai pour la livraison. C'est apparem-
ment là ce que le ministre de l'agriculture, dans sa
réponse à M. Edouard Millaud, commençait à exposer
lorsqu'une interruption de M. de Chamaillard fit dévier
ses explications, qui ne furent pas reprises et restèrent à peine ébauchées. « Lorsqu'un agriculteur, disait-
« il, aura emprunté sur sa récolte et que le gage sera
« constitué entre ses mains, il se trouvera exactement
« dans la situation d'un commerçant qui a déposé des
« objets dans un magasin général et qui a créé un
« warrant à l'aide de ces objets ». Or, le commerçant
qui a déposé des marchandises dans un magasin général, et qui les a warrantées a le droit incontestable

de les vendre : ce droit, il l'exerce en endossant le récépissé, c'est-à-dire en transférant à un tiers sous la charge du warrant, le bénéfice du titre constatant sa propriété. Le projet Delaunay, en confiant à l'administration de l'enregistrement le soin de délivrer des récépissés timbrés auxquels auraient été annexés leurs warrants agricoles (art. 9), reconnaissaient par cela même aux agriculteurs le droit de vendre leurs produits warrantés, dans les mêmes conditions que le commerçant et sous la même réserve. La suppression du récépissé, admise par la loi du 18 juillet 1898, en conformité du projet du Gouvernement et de celui de la commission, n'a eu certainement ni pour but ni pour effet de porter atteinte à ce droit de vendre ; elle a paru commandée par ce fait que le propriétaire, déposant se confond ici avec le dépositaire, et qu'il est tout à fait inutile de mettre entre les mains de l'agriculteur un titre qu'il aurait à faire valoir contre lui-même. Le raisonnement aurait été juste, si le récépissé n'était qu'un bulletin de dépôt, un simple certificat de propriété ; mais c'est aussi, et par excellence, un titre négociable, dont la privation rend plus inncommode l'exercice du droit de vente, mais ne saurait en rien lui faire échec.

En fait, le droit de vente serait souvent fort difficile à exercer, si l'acheteur devait attendre l'échéance du warrant pour recouvrer la libre disposition des marchandises ou des produits agricoles warrantés. Aussi, afin de ne pas éloigner les acheteurs pendant presque toute la durée du prêt, les lois du 28 mai 1858 et du 18 juillet 1898 ont l'une et l'autre autorisé le remboursement du warrant par anticipation. Mais, tandis que l'article 6, § 1, de la loi de 1858 accorde cette faculté au porteur du récépissé, l'article 7, § 1, de la loi de 1898 porte : « L'emprunteur peut, même avant l'échéance, rembourser la créance garantie par le warrant ». Cette rédaction est évidemment défectueuse : ce n'est pas l'emprunteur qui est directement intéressé à dégager les produits avant l'échéance, c'est l'acheteur, c'est celui qui en est devenu propriétaire et qui veut en recouvrer la libre disposition. Il fallait donc employer une expression synonyme de celle portée au texte dont on entendait reproduire la disposition, et remplacer les mots « le porteur du récépissé » par ceux-ci « le propriétaire des produits agricoles » ou par ceux-là « l'emprunteur ou ses ayants-droit ». Ce n'est point, en effet, l'emprunteur qui, après la vente, sera en mesure d'opérer le remboursement du warrant ; l'acheteur, au lieu de lui remettre les fonds nécessaires à ce paiement, préfère les conserver et se charger lui-même du soin de dégager le warrant.

En matière commerciale, l'acheteur paie au déposant, à l'instant où celui-ci lui endosse le récépissé, la différence entre le prix de vente et le montant de la dette que le warrant garantit : par exemple, s'il a acheté les marchandises 15.000 francs, et qu'elles aient été warrantées pour les deux tiers de leur valeur, c'est-à-dire pour 10.000 francs, le cessionnaire du récépissé verse 5.000 francs entre les mains du cédant, et prend l'engagement de payer le surplus, 10.000 francs, au porteur du warrant. Lorsqu'il a, par anticipation ou à l'échéance, opéré ce second paiement, il se présente au magasin général où, sur la production du récépissé et du warrant, il reçoit livraison de la marchandise. — Il en sera de même en matière de warrant agricole : l'agriculteur, qui aura vendu les produits warrantés, en restera dépositaire jusqu'à ce que l'acheteur, étant devenu porteur du warrant, sera fondé à lui en réclamer la délivrance. Il est même à prévoir qu'il ne touchera pas, au moment même de la conclusion du marché, la portion du prix devant lui revenir, mais que l'acheteur, au regard duquel il va devenir dépositaire des produits, exigera, pour plus de sécurité, que le paiement de cet excédant disponible soit différé jusqu'au jour de la complète exécution du contrat et de sa réalisation définitive.

Au surplus, le principal inconvénient de la rédaction vicieuse de l'article 7 a été de faire mettre en doute le droit pour l'emprunteur agricole de vendre les produits warrantés. Ce droit étant reconnu, il suffit que la loi de 1898 ait consacré le principe du remboursement anticipé : l'acheteur, et, d'une manière générale, l'ayant-droit d l eemprunteur pourra toujours se prévaloir de cette disposition et, en vertu de l'article 1236 du code civil, procéder lui-même au remboursement du warrant, soit au nom et en l'acquit du débiteur, soit comme y étant personnellement intéressé.

Le paiement anticipé du warrant, étant un complément presque nécessaire du droit de vendre les produits warrantés, est admis, non-seulement lorsque le terme a été stipulé, comme cela est d'ordinaire, dans l'intérêt du débiteur, mais aussi, à moins d'une clause contraire expresse (1) quand il est en faveur du créancier (2). Il est rendu particulièrement facile par l'article 9 qui, ainsi que nous l'avons vu, oblige tout cessionnaire du warrant à se faire immédiatement connaître : de telle sorte que l'emprunteur ou son ayant-droit, désireux d'acquitter la dette garantie par le warrant, n'a qu'à se présenter au greffe de la justice de paix du domicile de l'emprunteur, et là il trouve, sur le registre à souches, dans le cadre préparé au verso du talon, toutes les mutations du warrant et par conséquent tous les renseignements utiles sur l'identité du porteur.

Dès qu'il connaît son créancier, l'intéressé doit s'entendre avec lui sur les conditions du remboursement, notamment sur l'escompte à déduire : si ses offres sont acceptées, le paiement libère aussitôt la marchandise.

1. D'après M. Hogrel, *Warr. agr.*, p. 31, une pareille clause serait illicite et devrait être considérée comme nulle et non avenue.

2. Comp. Lyon-Caen et Renault, *Dr. comm.*, t. 3, n° 352.

A défaut d'entente, l'article 7, §§ 2 et 3, autorise le débiteur à consigner. La somme offerte doit comprendre le capital emprunté, les intérêts échus et les intérêts supplémentaires de dix jours. Le débiteur profite ainsi des intérêts à courir, moins les dix jours que les banques retiennent suivant un usage constant, et à ce point de vue il est plus favorisé que le commerçant, qui est tenu (art. 6, loi de 1858) de consigner tous les intérêts jusqu'à l'échéance (1).

Mais, tandis que la consignation du commerçant, a lieu à l'administration du magasin général, sans qu'il soit besoin d'offres réelles préalables, celle du cultivateur ou de son ayant-droit est faite à la caisse des dépôts et consignations, et elle est surbordonnée à l'accomplissement de toutes les formalités prescrites par l'article 1259 du code civil, c'est-à-dire aux lenteurs, aux complications et aux frais d'une vraie procédure. Cette procédure de l'offre et de la consignation n'est même pas suffisante pour dégager les produits warrantés: il faut encore que la quittance de consignation soit produite au juge de paix qui, après avoir vérifié sa régularité et son exactitude, rend une ordonnance transportant le gage sur la somme consignée.

Au vu de cette ordonnance, le cultivateur, qui a vendu les produits warrantés, en consentira la livraison à l'acheteur. Il la présentera ensuite au greffier de

1. Lyon Caen et Renault, *Dr. com.*, t. 3, nᵒˢ 353 et 354.

la justice de paix, afin d'obtenir, conformément à l'article 6, la radiation de l'inscription d'emprunt.

§ II. — *Du défaut de paiement à l'échéance.*

Lorsque le warrant n'a pas été remboursé, à l'échéance ou antérieurement, par un paiement ou par une consignation équivalente, le créancier, qui en est porteur, a le droit :

1° de faire vendre les produits énoncés au warrant :

2° De se faire payer, par préférence, sur ce prix de vente ;

3 D'exercer, s'il échet, un recours en garantie contre les endosseurs.

I. — La loi du 18 juillet 1898, soucieuse d'encourager les prêts sur warrants agricoles, a simplifié, autant que faire se pouvait, les formalités que le créancier aurait à remplir en cas de non-paiement.

Sans même exiger, bien que le warrant soit un effet de commerce, qu'il soit dressé un protêt, l'article 10 prescrit simplement au porteur du warrant d'avertir l'emprunteur dépositaire qu'il a l'intention de faire procéder à la vente des produits warrantés s'il n'est pas désintéressé dans la huitaine. Cet avis préalable est « transmis par lettre recommandée à l'emprunteur, pour laquelle un avis de réception doit être demandé ». L'envoi de cette lettre est fait par le créancier, sans l'intervention de personne.

Il est donc entouré de moins de précautions que celui de la lettre destinée par l'article 2 au bailleur :
cela s'explique, soit à raison de la difficulté de désigner
le tiers qui aurait été chargé de cette transmission, soit
par cette considération que presque toujours la remise
au débiteur, après l'échéance de sa dette, d'un pli recommandé, alors même qu'il ne renfermerait qu'une
feuille de papier blanc, aura par elle-même une signification suffisante. Cependant, pour éviter toute surprise et toute contestation ultérieures, dans cette hypothèse aussi bien d'ailleurs que dans celle prévue à l'article 9, il eût été préférable de prescrire une mesure
propre à assurer en quelque sorte l'authenticité de la
lettre elle-même, par exemple, d'ordonner qu'elle serait
écrite sur une feuille double, et qu'au lieu d'être pla-
cée dans une enveloppe, elle porterait, sur le verso de
la seconde feuille, l'adresse du destinataire, le timbre
et toutes les mentions postales.

L'article 10 ne fixe aucun délai pour l'envoi de cet
avertissement. Faut-il en conclure que le porteur du
warrant n'a à cet égard aucune règle à observer ?
Nous pensons qu'il faut distinguer entre le souscripteur et les endosseurs. Au regard du cultivateur qui a
souscrit le warrant, la réalisation des produits pourra
être poursuivie pendant trente ans, puisqu'il s'agit
d'une dette civile : il serait même tenu indéfiniment,
comme dépositaire, tant que le warrant ne lui aurait
pas fait retour, et quelque soit le laps de temps écoulé

(art. 2236, C. civ.), si l'on ne considérait pas que cette obligation accessoire se trouve éteinte, par voie de conséquence, lorsque l'obligation principale, dérivant du prêt, a été prescrite. Dans les rapports du porteur du warrant avec les endosseurs successifs, nous appliquerons la législation commerciale. L'avertissement, prévu par l'article 19, ayant pris dans la nouvelle loi la place et la valeur du protêt, nous déciderons qu'il doit, sous peine de déchéance de tout recours, être remis à la poste à la date à laquelle le protêt aurait été dressé, c'est-à-dire le lendemain de l'échéance (art. 162, C. com.).

« Le porteur du warrant, ajoute l'article 10, huit jours après l'avertissement et sans aucune autre formalité de justice, mais avec les formes de publicité prévues par les articles 617 et suivants du code de procédure, peut faire procéder par un officier ministériel à la vente publique aux enchères de la marchandise engagée ». Le délai de huit jours, après lequel il peut être procédé à la vente, est un délai minimum, accordé au débiteur pour se libérer ; il court du jour, non pas de la réception, mais de l'expédition de la lettre recommandée.

A partir de l'expiration de cette huitaine, le porteur du warrant, s'il n'a pas été désintéressé, a le droit de faire vendre les produits warrantés (1). Cette vente

1. — Comp., Lyon-Caen et Renault, *Dr. com.*, t. 3, n°˙ 301 302, 365, 367 à 371.

est annoncée un jour auparavant par quatre placards au moins ; elle a lieu un dimanche ou un jour de marché ; elle est faite aux enchères, par un commissaire priseur, un notaire, un huissier ou un greffier.

II. — L'attribution du prix, provenant de la vente publique des produits warrantés, est ainsi réglée par l'article 11 : « Le créancier est payé directement de sa créance sur le prix de vente, par privilège et préférence à tous créanciers, sans autre déduction que celle des contributions directes et des frais de vente, et sans autres formalités qu'une ordonnance du juge de paix ».

Cette disposition, qui a beaucoup d'analogie avec celle édictée par l'article 8 de la loi du 28 mai 1858, se distingue de la législation commerciale, et même de la législation ordinaire (1), en ce qu'elle oblige toujours le porteur du warrant à obtenir du juge de paix une ordonnance fixant la somme qui lui revient et autorisant l'officier ministériel, qui a procédé à la vente et en a touché le prix, à la verser entre ses mains. Ni le projet Delaunay, ni le projet Méline n'avaient formulé cette exigence : c'est la commission qui a ajouté la formalité de l'ordonnance du juge de paix, sans d'ailleurs expliquer les motifs de cette prescription inusitée, occasionnant des frais supplémentaires.

La loi fixe au troisième rang la créance du porteur

1. *Gaz. Pal. rép.*, t. 12, v° *Vente publique de meubles*, n°ˢ 38 et 43.

du warrant agricole. Les seuls privilèges, qui lui soient préférables, sont : le privilège garantissant les frais de vente, et celui des contributions directes.

Malgré les termes de l'article 11, nous n'hésitons pas à donner le premier rang au privilège des frais de vente. S'il est de règle, en effet, que le privilège du Trésor pour le recouvrement des contributions directes s'exerce avant tout autre, même celui des frais de justice, il en est autrement, suivant une jurisprudence constante (1) et une doctrine à peu près unanime (2), pour la portion de ces frais qui a été exposée dans l'intérêt de la masse des créanciers, en vue par exemple de réaliser le gage commun, et qui jouit à ce titre d'un privilège exceptionnel, d'une sorte de droit de prélèvement.

Quant au privilége du Trésor, il ne saurait, malgré les termes généraux de l'article 11, être invoqué pour toutes les contributions directes. Il s'agit ici de la distribution d'un prix de vente de récoltes ; or, d'après l'article 1er de la loi du 12 novembre 1808, les récoltes ne garantissent que le recouvrement de la contribution foncière de l'année échue et de l'année courante (3). Il sera néanmoins prudent, avant de consentir un prêt sur warrant, de se faire représenter par l'em-

1. *Gaz. Pal. rép.*, t. 8, v° *Impôts directs*, n° 555.

2. Auhry et Rau, t. 3, § 263 *bis*, p. 186.

3. *Gaz. Pal.*, rép., t. 8 v° *Impôts directs*, n° 549. Hugrel, *War. agr.*, p. 41.

prunteur ses dernières quittances d'impôt foncier, afin de vérifier le paiement de cette dette ou tout au moins son importance.

Il est hors de doute qu'en dehors des deux créances précédentes, la créance du porteur de warrant agricole n'est primée par aucune autre : le texte de l'article 11 est formel, et les travaux préparatoires le confirmeraient au besoin. Nous avons vu pour quelles raisons et par suite de quelles mesures le privilège du bailleur avait été éliminé. Mais il en est d'autres, paraissant mériter une faveur particulière, dont le législateur de 1898 n'a tenu aucun compte, auxquels il a refusé un classement préférable à celui du prêteur sur warrant agricole, et dont l'exclusion a soulevé, soit lors des débats au Parlement (1), soit depuis (2), les plus vives critiques. Ces privilèges sont au nombre de quatre :

1° Les salaires de gens de service (art. 2101, 4°, C. civ.) ;

2° Les fournitures de subsistances faites au débiteur et à sa famille (art. 2101, 5°, C. civ.) ;

3° Les sommes dues pour les semences ou pour les frais de la récolte de l'année (art. 2102, 1°, 4° C. civ.);

1. Discours de M. Théodore Girard au Sénat; *Jour. off.* du 9 juillet 1898. p. 789.

2. Hogrel, *War. agr.*, p. 42 à 44.

4° Les frais faits pour la conservation de la chose (art. 2102, 3°, C. civ.).

Nous ne saurions nous associer aux reproches formulés à propos de ces divers privilèges. Sans insister sur cette circonstance que les gens de service et les fournisseurs de subsistances ont des créances privilégiées sur la généralité des meubles de leur débiteur, et accessoirement sur ses immeubles (art. 2104 et 2105, C. civ.), nous estimons que la loi du 18 juillet 1898 devait, pour être pratique et logique, écarter rigoureusement, comme elle l'a fait, la masse de ces créanciers. Procéder autrement, c'était d'abord frapper de stérilité l'institution même des warrants agricoles : le petit cultivateur, celui dont il s'agissait de développer le crédit mobilier, n'aurait, pas plus qu'autrefois, trouvé un prêteur, si les récoltes offertes en, garantie n'avaient pas été exonérées de toutes charges, si leur prix de vente avait pu être attribué, par préférence, à d'autres créanciers qui l'auraient ainsi le plus souvent absorbé. En outre, la loi de 1898 n'était-elle pas logique, en écartant toutes les réclamations susceptibles de se produire, au préjudice du prêteur sur warrant, après la réalisation des produits warrantés ?

Sans elle, sans la substitution qu'elle a organisée du prêt sur warrant à la vente précipitée des récoltes aucun des créanciers dont nous nous occupons n'aurait eu le moindre recours à exercer sur ses récolte

puisqu'elles auraient été aliénées d'une façon complète,
définitive, au lendemain même de leur perception. Les
domestiques, les fournisseurs, les ouvriers devaient
s'attendre à leur disparition prochaine et rapide ; s'ils
avaient des créances à recouvrer, ils n'avaient qu'à
agir de suite ; s'ils ont attendu, leur situation n'est
en rien aggravée ; la vente, que le prêt a empêchée,
aurait eu lieu à sa place, et comme lui, elle aurait fait
disparaître leurs privilèges sur la récolte. L'exclusion
de ces divers créanciers s'imposait avec tant de force
que M. Brindeau, en s'occupant, dans son rapport, des
plus intéressants, de ceux auxquels le § 4 de l'article
2102 accorde un privilège spécial sur la récolte de
l'année, ne propose même pas de faire une exception
en leur faveur ; il est convaincu que le porteur du warrant agricole doit rester préférable même à cette catégorie de créanciers privilégiés ; il se demande
seulement s'il ne conviendrait pas de les protéger un
peu plus que les autres, et, pour cela, « d'astreindre
l'emprunteur à faire, sous la sanction, en cas d'inexac-
titude, des peines portées à l'article 405 du code pénal, la justification du paiement de ces frais et semences, ou tout au moins une déclaration par écrit devant
le juge de paix affirmant que les produits à warranter
sont libres de toute charge de cette nature. » Cette
condition, à l'examen, a été et devait être écartée : elle
constituait une entrave sérieuse à la création des warrants agricoles, dont l'usage le plus ordinaire doit être

précisément de procurer au cultivateur les fonds nécessaires au paiement de ses ouvriers, de ses domestiques et de ses fournisseurs ; et elle ne présentait aucune utilité pour les créanciers, en faveur desquels
elle aurait été édictée, puisqu'elle n'avait pas pour but
de les prévenir de l'emprunt projeté, et qu'elle rendait
en même temps indispensable l'aliénation directe et
immédiate des récoltes, puisque l'existence de certaines
dettes antérieures aurait enlevé au cultivateur le droit
de les warranter.

Lorsque les créances des frais de vente, des contributions directes et du porteur du warrant agricole lais-
sent un excédent, celui-ci est remis au propriétaire des
récoltes vendues, c'est-à-dire à l'emprunteur ou à son
ayant droit (1), à moins qu'il n'y ait des créanciers op-
posants : auquel cas, cet excédent doit être consigné
dans la huitaine de ce premier règlement (art. 657, c.
pr., par analogie), et versé à la caisse des dépôts et
consignations par l'officier public qui a effectué la vente. En adoptant cette opinion, nous assignons une réelle
utilité à l'ordonnance du juge de paix : au cas d'op-
positions formées par divers créanciers du propriétaire des récoltes, elle opère en effet, au profit du porteur du warrant un prélèvement immédiat, en rapport
avec la nature commerciale de l'effet, dont la négocia-

1. Comparez. Lyon-Caen et Renault. *Droit commer.*, t.3 , n
372.

tion eût été rendue plus difficile par la perspective des
enteurs inhérentes à la procédure de distribution par
|contribution.

Lorsque les produits warrantés ont péri ou ont été
détériorés par suite d'un événement, tel qu'un incendie, en prévision duquel ils avaient été assurés par
l'emprunteur, l'article, 4, § 2, reproduisant une disposition, qui depuis la loi du 19 février 1889 (art. 2), est
devenue de droit commun, attribue aux porteurs de
warrants « sur les indemnités d'assurances dues en cas
de sinistre, les mêmes droits et privilèges que sur la
marchandise assurée ». Le bénéficiaire d'un warrant
agricole vient alors au second rang, puisqu'il n'y a plus
de frais de vente à solder.

Lorsque le porteur du warrant a été désintéressé
sur le prix des récoltes dont il a poursuivi la vente,
l'emprunteur fait opérer la radiation de son emprunt par
le greffier de la justice de paix, auquel il produit l'ordonnance du juge de paix, ou mieux encore le warrant
acquitté.

III. — Comme le prêt sur warrant n'est en général consenti que pour une somme inférieure à la valeur
des produits warrantés, il sera rare que le prix, provenant de leur réalisation, ne suffise pas à payer le
montant intégral de la créance garantie. Cependant, si
par suite de détériorations des marchandises ou de
fléchissement des cours, ou de l'importance imprévue
des créances préférables, pareille hypothèse se pré-

sentait, le porteur du warant a un recours subsidiaire, non-seulement contre l'emprunteur, mais aussi contre tous les endosseurs du warrant agricole (1) : il peut, à son choix, agir contre eux tous ou seulement contre l'un d'eux.

Les conditions, prescrites par l'article 12 pour l'exercice de ce recours, sont les mêmes que celles édictées par l'article 9 de la loi de 1858. Il faut, sous peine de déchéance contre les endosseurs autres que l'emprunteur ; 1° que le porteur du warrant ait exercé ses droits sur les produits warrantés et que le prix en ait été insuffisant ; 2° que la vente ait eu lieu dans le mois qui suit la date de l'avertissement prévu à l'article 10, ledit avertissement ayant dû, par analogie des articles 165 et suivants du code de commerce, et ainsi que nous en avons déjà exprimé l'avis, être expédié dès le lendemain de l'échéance ; 3° que le recours soit exercé dans le délai d'un mois à dater du jour où la vente de la marchandise est réalisée.

Si les produits warrantés avaient péri sans avoir été assurés, ou s'ils avaient disparu ayant été détournés ou dissipés par l'emprunteur-dépositaire, le recours évidemment pourrait être exercé de suite contre les endosseurs. On peut alors se demander si le porteur du warrant jouit du délai d'un mois à partir du lendemain de l'échéance, ou s'il ne doit pas, conformément aux articles 162 à 168 du code de commerce,

1. Lyon-Caen et Renault, *Dr. Com.*, t. 3, n° 377 à 380.

faire dresser un protêt le lendemain de l'échéance, le faire notifier et assigner en paiement dans les quinze jours de la date du protêt, sauf augmentation de ce délai à raison des distances. En présence du silence de la loi, ce dernier parti serait le plus prudent et le plus sage, le warrant n'ayant plus ici d'autre valeur que celle d'un simple effet de commerce ; cependant le protêt ne nous paraît pas indispensable, le texte défi- nitif ayant, sans faire aucune distinction, substitué l'avis par lettre recommandée à la formalité du protêt que le projet Méline avait adoptée.

Que décider, au sujet de la radiation de l'emprunt, lorsque la vente des produits n'aura pas donné pleine satisfaction au créancier, cessionnaire du warrant ? Le greffier pourra, ce nous semble, au vu de l'ordonnance du juge de paix fixant la somme à verser entre les mains du porteur du warrant, mentionner sur la sou - che de son registre la quotité de ce paiement partiel, que les tiers plus tard auront à connaître ; mais la radiation ne sera opérée que lorsque l'emprunteur, en produisant le warrant agricole, fera la preuve de sa libération.

SECTION III. — *Frais dûs à l'occasion d'un War- rant agricole.*

Les frais, que le warrant agricole peut occasionner,

sont ou des droits fiscaux, ou des débours et émoluments au greffier de la justice de paix.

§ I. — *Droits fiscaux.*

L'article 16, qui ne figurait dans aucun projet, qui a dû être adopté par la commission de la Chambre des Députés après le dépôt du rapport de M. Chastenet, et qui a été voté sans discussion, accorde, dans son premier paragraphe, certaines immunités fiscales, destinées à favoriser l'usage des warrants agricoles. Il dispense de la formalité du timbre et de l'enregistrement :

1° « Les lettres prévues aux articles 2, 9 et 10 et leurs accusés de réception », c'est-à-dire : l'avis d'emprunt adressé, sous pli recommandé, par un fermier à son propriétaire, par l'intermédiaire du greffier, et son accusé de réception (art. 2, §§ 1 et 2) ; la lettre recommandée contenant opposition du propriétaire au prêt sur warrant sollicité par son fermier (art. 2 § 3).

La lettre recommandée prévenant le greffier de l'escompte ou du réescompte du warrant, ainsi que son accusé de réception (art. 9) ;

L'avertissement de la vente publique des produits warrantés, envoyé par lettre recommandée à l'emprunteur qui n'a pas payé à l'échéance, ainsi que son avis de réception (art. 10).

Toutes ces pièces, par application des articles 1ᵉʳ, 2 § 1, et 12 de la loi du 13 brumaire an VII, auraient été assujetties au timbre de dimension, comme ayant été écrites en vue de constituer un titre et de faire foi en justice, si la loi du 18 juillet 1898 n'avait pas contenu cette exemption.

2° « La souche du registre institué par l'article 3 ». Ce registre, qui est celui dont on détache le warrant, aurait été soumis, en principe et conformément à l'article 12-2° de la loi précitée, au timbre de dimension.

3° « La copie des inscriptions d'emprunt, le certificat négatif et le récépissé de radiation mentionnés aux articles 5 et 6 de la présente loi ». Il fallait une autorisation formelle, pour que le greffier de la justice de paix pût, par dérogation au même article 12-1°, al. 5, délivrer, sur papier libre, des extraits de son registre à souches.

L'exonération, admise par la loi du 18 juillet 1898, s'étend même au cas où les documents énoncés seraient produits en justice, et s'applique au droit d'enregistrement aussi bien qu'au droit de timbre. Cette faveur mérite qu'on l'apprécie, les perceptions du fisc étant en quelque sorte réputées intangibles : elle est d'ailleurs limitée et ne concerne pas le warrant.

I. — Le droit de timbre proportionnel, auquel sont soumis tous les effets du commerce et qui est de cinq centimes par cent francs ou fractions de cent francs (lois du 5 juin 1850 et du 29 juillet 1881), est dû sur le warrant au moment de sa négociation (article 16, § 2).

L'acquittement du droit s'effectue par l'apposition, au dos du warrant, d'un timbre mobile (décret du 19 février 1874), qui est oblitéré avant tout usage par le premier endosseur.

Pour assurer cette perception, la loi du 5 juin 1850 rend le souscripteur et le bénéficiaire du warrant passibles chacun d'une amende de 6 p. 0/0 du montant de l'effet si celui-ci n'a pas été timbré, et, si le timbre employé est insuffisant, d'une amende de 6 p. 0/0 sur la somme pour laquelle le droit n'a pas été payé (art. 4). La même amende de 6 p. 0/0 est encourue par toute personne ou tout établissement de crédit qui encaisserait ou ferait encaisser un warrant agricole non timbré. Enfin, le porteur d'un warrant agricole n'a de recours que contre le souscripteur, si le prix de vente des produits ne suffit pas à le désintéresser (art. 5) § 2 (1).

Une feuille de papier timbré de soixante centimes devra être employée pour la rédaction de la requête, au pied de laquelle le juge de paix délivre, soit l'ordonnance transportant le gage sur la somme consignée (art. 7, § 2), soit l'ordonnance autorisant le paiement du prix de vente des produits warrantés (art. 11).

II. — L'enregistrement du warrant, dit le 3ᵉ § de

1. Comp. Lyon-Caen et Renault, *Dr. com.*, t. 3, nᵒˢ 383 à 386. *Gaz. Pal.*, rép. t. 12, vᵒ *Timbre*, nᵒˢ 1,9, 44 à 46.

l'article 16, « ne deviendra obligatoire que dans le cas
de protêt ». Cette rédaction est évidemment défectueuse : le législateur a oublié qu'il venait de supprimer dans l'article 10 la formalité du protêt, et qu'il
l'avait remplacée par un avertissement transmis par
lettre recommandée à l'emprunteur. La différence des
deux actes a cependant son importance, car elle déplace
la date d'exigibilité du droit. Lors, en effet, qu'il s'agit
d'un effet de commerce ordinaire, l'huissier chargé, en
cas de non paiement à l'échéance, d'en dresser le protêt ne peut, aux termes de l'article 42 de la loi du 22
frimaire an VII, mentionner cet acte sous-seing privé
dans son exploit sans l'avoir fait préalablement enre-
gistrer. Mais, le warrant agricole ne donnant lieu ni à
un protêt, ni à aucun acte public, il suffit de le soumet-
tre à l'enregistrement au moment de le produire en
justice, conformément à l'article 23 de la loi de frimaire ; de telle sorte que si le remboursement est effectué après la réception de la lettre d'avis, qui a pris la
place du protêt, et avant toute assignation, le paiement
du droit d'enregistrement aura pu être évité : comme
il est de cinquante centimes par cent francs (art. 69 de
la loi du 22 frimaire an VII, et art. 1er de la loi du 22
décembre 1878), (1) l'avantage est appréciable : de
celui-là il n'y a pas à savoir gré au législateur, à l'insu
duquel il se produit.

1. Comp. *Gaz. Pal.*, *Rép.*, t. 9, Vᵒ *Maj. gén.*, nᵒˢ 11 et 12.

En présence du silence de la loi, il faut admettre que toute ordonnance du juge de paix, rendue en exécution soit de l'article 7, § 2, soit de l'article 11, est soumise à l'enregistrement, au droit fixe de 1 fr. 50 et avec les décimes de 1 fr. 88 (art. 68, § 1, n° 46, de la loi du 22 frimaire an VII) (1).

§ II. — *Déboursés, émoluments et responsabilité du greffiier de la justice de paix.*

I. — Les *déboursés*, qu'entraîne l'application de la loi du 18 juillet 1898, se réfèrent au coût des lettres recommandées qu'elle prescrit. Ils sont faits, tantôt par l'intéressé directement dans les cas prévus par les articles 2, § 3, 9 et 10, tantôt, dans l'hypothèse de l'article 2, § 2, par le greffier de la justice de paix auquel ils doivent être versés au préalable.

Le prix d'une lettre recommandée, est de 0 fr. 15 pour le timbre d'affranchissement ordinaire et de 0 fr. 25 pour la taxe de recommandation, à cette somme de 0 fr. 40 s'ajoute un droit fixe de 0 fr. 10 pour l'avis de réception qui généralement doit être réclamé.

II. — L'article 15 laissait au Gouvernement le soin de déterminer les *émoluments* à allouer aux greffiers de justices de paix pour l'exécution de la loi du 18 juillet 1898.

1. Conf. Hogrel, *Warr. agr.*, p. 54.

Le décret, qui parut à ce sujet le 11 août 1898 (1),
souleva d'universelles réclamations. La disposition, par
laquelle il fixait les honoraires dûs au greffier pour
l'établissement du warrant à 0 fr. 50 pour 100 jusqu'à 10.000 francs, et à 0 fr. 25 pour 100 au-dessus de
10.000 francs fut avec raison jugée excessive, exorbi-
tante, d'autant plus contraire à l'esprit de la loi que
les petits emprunteurs étaient plus durement frappés.
Les journaux d'agriculture firent remarquer qu'avec
un pareil tarif l'intérêt, payé pour un warrant agricole de médiocre importance, à échéance de trois
mois, atteindrait le taux usuraire de 7 ou 8 pour 0/0.
Les syndicats agricoles émirent le vœu que le décret
du 11 août 1898 fût promptement rapporté, et remplacé par un autre offrant une réglementation plus
économique et plus pratique. Enfin M. Chastenet, le
rapporteur de la loi à la Chambre des Députés, écrivit
le 20 septembre au Garde des sceaux pour se plaindre
de ce que « le décret du 11 août avait établi une fiscalité et des tarifs excessifs », et pour l'informer
qu'il se proposait à la rentrée de l'interpeller sur ce
sujet (2).

Un nouveau décret, tenant compte de ces protes-
tations et de ces plaintes, fut rendu le 29 octobre

1. *Journ. off.* du 13 août 1898, p. 5019. *Lois nouvelles*, 1898,
3ᵉ p., p. 277.

2. Journal « *L'Agriculture nouvelle* », nᵒ du 24 septembre
1898, p. 773 et 774. *Lois nouvelles*, 1899, 1ʳᵉ p., p. 45, n. 108.

1898 (1). Il abroge le précédent, et alloue aux greffiers des justices de paix :

« 1° Pour toute mention sommaire sur le registre « autre que le registre à souche (art. 2). 25 centimes ;

« 2° Pour la mention à inscrire au verso de la sou- « che du warrant après l'escompte ou le réescompte « du warrant (art. 9), 10 centimes ;

« 3° Pour toute communication par lettre recom- « mandée (déboursés non compris), 50 centimes ;

« 4° Pour la délivrance de la copie des inscriptions, « 1 fr. ;

« 5° Pour la délivrance du certificat négatif, 50 cen- « times ;

« 6° Pour mention du remboursement, avec déli- « vrance du certificat de radiation, 1 fr. ;

« 7° Pour l'établissement du warrant (déboursés com- « pris), 10 centimes par 100 fr. ; minimum, 50 centimes ;

« 8° Pour le renouvellement du warrant, 25 centi- « mes. »

Trois modifications ont été ainsi apportées au tarif originaire (2) : Le décret du 11 août fixait indistincte- ment à 0, fr. 25 centimes toute mentions sommaire sur les registres ; le nouveau décret réduit à 0, fr. 10 le coût de la mention à inscrire au verso de la souche du warrant.

1. *Iourn. off.* du 31 octobre 1898, p. 6691. *Lois Nouvelles,* 1898, 3ᵉ p. p. 298.

2. Journal « *L'Igriculture nouvelle,* » n° du 19 novembre 1898, p. 934.

La taxe d'établissement du warrant est abaissée à
0 fr. 10 par 100 francs, quelle que soit la valeur de
l'effet, mais sans que le montant de la perception
puisse être inférieur à 0 fr. 50. Il a donc été fait droit
dans une large mesure au principal grief articulé contre le premier décret. Le texte ajoute que cette taxe
comprend les déboursés du greffier, c'est-à-dire les
dépenses qu'il a faites pour se procurer les registres
spéciaux aux warrants agricoles. La circulaire du 16
août 1898 (1), dont le Garde des Sceaux avait fait suivre la promulgation du décret du 11 août, l'a très nettement expliqué : « Il leur est interdit (aux greffiers)
« de réclamer, sous aucun prétexte, d'autres honorai-
« res que ceux prévus dans les divers articles de ce
« tarif et qui ont été calculés de façon à les couvrir
« de la dépense leur incombant pour l'achat des deux
« registres nouveaux qu'ils auront à tenir ».

Enfin le décret du 29 octobre a comblé une lacune
du précédent, en prévoyant l'hypothèse du renouvellement du warrant agricole, et en fixant un émolument
très modique pour sa réfection.

III. — Les greffiers de justices de paix, étant désignés à l'exclusion de tous autres pour la délivrance
des warrants agricoles et pour l'accomplissement des
formalités qui s'y réfèrent, ne sauraient se soustraire
à cette obligation qui est un devoir de leur charge.

1. *Lois nouvelles*, 1898, 3ᵉ p., p. 203.

Aussi, dans sa circulaire du 16 août 1898 (1), le Garde
des Sceaux leur recommande d'étudier avec soin la
loi du 18 juillet 1898, de bien se pénétrer des dispositions qu'elle renferme et d'apporter la plus grande vi-
gilance dans son application, leur *responsabilité* pouvant dans certains cas être engagée.

A cet égard une distinction s'impose. S'agit-il des
déclarations, que le greffier reçoit et consigne, comme
celles relatives aux nom, prénoms, domicile et qualité
de l'emprunteur, à la nature, à la quantité et à la valeur de ses produits (art. 1 et 3), à l'assurance des
marchandises (art. 4), il n'a aucun contrôle à exercer,
il a un rôle purement passif, et il ne saurait de ce
chef être en quoi que ce soit responsable. Il est tenu,
au contraire, de veiller avec soin à l'observation de
toutes les formalités que la loi a prescrites (2). S'il
néglige, par exemple, d'envoyer la lettre d'avis desti-
tinée au propriétaire de l'exploitation (art. 2, § 2), ou
de porter régulièrement sur ses registres les énonciations requises (art. 2, § 3, art. 6, art. 9), ou de délivrer avec exactitude les états d'inscription d'emprunts
(art. 5), il commet une faute qui, lorsqu'elle a été une
cause de préjudice pour quelqu'un, engage sa responsabilité : c'est, du reste, l'application au greffier, en
notre matière comme en matière ordinaire (3), de la
règle générale de l'article 1382 du code civil.

1. *Lois nouvelles*, 1898, 3ᵉ p., p. 291 et 293.
2. *Lois Nouvelles*, 1899, 1ʳᵉ p. nᵒˢ 36, 37, 46 et 72.
3. *Gaz. Pal.*, *rép.*, t. 8, vᵒ *Greffe*, nᵒ 105.

CHAPITRE IV

De la Compétence et du Caractère juridique du Warrant agricole.

Section I. — *Compétence.*

La loi du 18 juillet 1898, qui est applicable à l'Algérie (art. 17), contient au sujet de la compétence une innovation, que son article 14 a ainsi formulée : « Lorsque pour l'exécution de la présente loi, il y aura lieu à référé, ce référé sera porté devant le juge de paix ».

Cette disposition, qui a été introduite dans le projet par la commission de la Chambre des députés, n'a suscité dans cette Assemblée ni débat, ni observation d'aucune sorte. Mais, au Sénat (1), M. Guibourd de Luzinais en a demandé la suppression par ce double motif, d'abord qu'elle était inutile, sans application pratique, et, d'autre part, qu'elle constituait une dérogation dangereuse aux règles de droit commun, l'autorité et les connaissances juridiques du président du

1. *Journ. Off.* du 9 juillet 1898, p. 792, *in fine* et 793.

tribunal de première instance, qui en principe est le
seul juge des référés (art. 807, C. pr.), étant nécessaire à l'exercice d'une juridiction aussi délicate.

Au dernier de ces reproches le rapporteur et le
Ministre de l'agriculture se sont contentés de répondre par cette considération d'une valeur discutable,
que le moment où l'on demandait l'extension de la
compétence des juges de paix semblait mal choisi pour
contester leur autorité. On aurait pu ajouter que le
droit de juger en référé avait déjà été attribué, dans
quelques cas exceptionnels, à des magistrats autres
que le Président du tribunal de première instance (1),
au juge-commissaire d'une distribution par l'article 661
du code de procédure, au Président du tribunal de
commerce par l'article 106 du code de commerce,
au juge de paix lui-même par les articles 594 et 921, § 2,
du code de procédure ; et faire observer que le juge
de paix du domicile de l'emprunteur était tout indiqué
pour statuer sur certaines difficultés, qui se présente-
raient surtout au moment de la création du warrant
agricole, puisque ce warrant devait être établi au
greffe de son tribunal, et que d'ailleurs la loi de 1898
avait déjà recours à son intervention toutes les fois
qu'il y avait des ordonnances à rendre. On comprend
quels avantages il en résultera au point de vue de la
réduction des frais, de la rapidité et de la simplifica-

1. *Gaz. Pal.*, *rép*, t. 10, V° *Référés*, n°ˢ 9 et 10.

tion de la procédure, si l'on tient compte surtout de ce
fait que les parties pourront se dispenser d'une assignation et, conformément à l'article 7 du code de procédure, se présenter volontairement devant le juge de
paix qui, lorsqu'il ne sera pas absent, consentira certainement à les recevoir de suite, et qui statuera
séance tenant·, s'il ne réussit pas à concilier les parties, résultat qui est fréquemment obtenu en matière
de referés et qui constitue l'un des principaux mérites
de cette institution.

A la première critique il n'a été fait aucune réponse.
Personne n'a cité un cas d'application de l'article 14 ;
personne n'est sorti des généralités et des affirmations.
M. Chastenet a dit dans son rapport : « Il est facile
« d'apercevoir que, dans des cas nombreux, les rap-
« ports du créancier gagiste et de l'emprunteur dé-
« positaire peuvent nécessiter le recours à la procé-
« dure des référés qui pourvoit aux mesures d'urgence
« sans préjuger le fond des contestations » (1). D'après
M. Calvet, le rapporteur au Sénat (2). « Il ne s'agira
« pour le juge des référés, que de trancher des ques-
« tions de fait très simples.» Enfin, le Ministre de l'agriculture (2) a expliqué que « le Gouvernement a entendu,
« en présentant l'article en discussion, tel qu'il est li-
« bellé, faciliter le fonctionnement de la loi, en per-

1. Annexe, n° 2869, au procès-verbal de la séance du 3 décembre 1897 à la Chambre des Députés : p. 16.

2. *Journal offi.* du 9 juillet 1898, p. 793.

« mettant à l'agriculteur comme au propriétaire de
« faire juger les petits différends par voie de référé
« devant le juge de paix, afin d'éviter des déplace-
« ments coûteux et inutiles ». On peut, en vérité, se
demander si dans l'esprit de ceux qui soutenaient
ainsi le texte du projet de loi, le référé n'apparaissait
pas comme une procédure sommaire et sans frais permettant au juge de paix de statuer, pour cause d'urgence, sur la majeure partie des difficultés susceptibles de se prodnire à l'occasion des warrants agricoles. Mais il ne faut pas oublier que le pouvoir du juge
des référés est essentiellement limité par l'article 809
du code de procédure ; que ses ordonnances ne doivent faire « aucun préjudice au principal », qu'elles
ne peuvent contenir aucune décision ni même prescrire
aucune opération qui serait de nature à préjuger le
fond, et qu'elles n'ont d'effet que sur le provisoire.
Dans ces conditions, l'article 14 a certainement une
portée restreinte. — M. Hogrel (1) lui conteste toute
utilité, ayant « vainement cherché un exemple qui pût
« rentrer dans le domaine du référé ». — Le garde
des sceaux, dans sa circulaire du 16 août 1898 (2),
cite le cas où l'opposition du propriétaire, notifiée par
lettre recommandée, serait parvenue au greffier après
l'expiration du délai légal, et il admet que, s'il sur-

1. Hogrel, *War. agr.*, p. 47.
2. *Lois Nouvelles*, 1898, 3ᵉ p., p. 291.

vient une contestation au sujet de la valeur et de l'efficacité de cette opposition, le juge de paix pourrait, en vertu de l'article 14, la trancher par provision : mais le fera-t-il sans préjuger le principal ? — M. Emion, dans son commentaire de la loi du 18 juillet 1898 (1), signale un assez grand nombre d'hypothèses, qui lui paraissent de nature à motiver un référé : les unes s'élèvent entre le greffier de la justice de paix et l'emprunteur ou les bénéficiaires du warrant, soit parce que le greffier dénie aux récoltes offertes le caractère de produits warrantables, soit parce qu'il refuse de délivrer un certificat d'inscriptions d'emprunts ou de porter sur son registre la mention d'un endossement ou celle d'un remboursement ; les autres, nées entre les parties, sont relatives soit à la régularité d'une consignation, soit au lieu le plus avantageux pour faire procéder à la vente publique des marchandises warrantées. Il admet encore, comme pouvant être l'objet d'un référé, le débat soulevé, soit à propos d'une créance que le propriétaire prétend faire valoir à l'encontre de son fermier, soit au sujet des droits appartenant au porteur du warrant contre l'emprunteur ou les endosseurs : mais il est fort douteux que ces dernières questions puissent jamais être tranchées sans toucher au fond du droit.

Toutes les fois que l'affaire ne sera pas du ressort

1. *Lois Nouvelles*, 1899, 1re p., no 107.

du juge des référés, les règles ordinaires sur la compétence devront être observées. M. Chastenet l'a déclaré expressément dans son rapport : cela, d'ailleurs, allait de soi en l'absence de toute disposition contraire. La juridiction compétente est alors la juridiction civile, ainsi que nous l'avons exposé dans la première partie, Ch. III, sect. II, § I, sauf l'application de l'article 637 C. com., qui permettra de saisir le tribunal consulaire lorsque la signature d'un commerçant figurera parmi les endossements du warrant. A part cette exception, l'instance sera dévolue, tantôt au juge de paix par application de la loi du 25 mai 1838 (art. 1ᵉʳ et art. 3 modifié par la loi du 2 mai 1855), tantôt au tribunal de première instance.

Section II. — *Caractère juridique du Warrant et conclusion.*

« La théorie juridique du warrant appliqué au nan-
« tissement à domicile apparaît des plus correctes » a
dit M. Chastenet dans son rapport (1) et à la tribune (2).
« Les produits engagés ayant leur représentation légale
« dans le warrant, la remise au créancier de ce titre
« représentatif peut constituer la tradition qu'exigent

1. Annexe, nᵒ 2869, au procès-verbal de la séance du 3 décembre 1897, à la Chambre des Députés, p. 10 et 11.
2. *Journ. Off.* du 1ᵉʳ avril 1898, p. 1500.

« les principes en matière de constitution de gage. En
« même temps il s'est opéré une sorte de *traditio*
« *brevi manu* ou quasi-tradition des produits warran-
« tés eux-mêmes, de telle sorte que le propriétaire de
« ces produits se trouvera détenir sa propre chose
« pour le compte du créancier gagiste, et à titre de
« dépositaire, avec toutes les conséquences de droit
« qui en découlent. A cette tradition, dont le caractère
« occulte pourrait ne pas suffire à protéger les tiers,
« s'ajoute une publicité spéciale au registre du greffe
« de la justice de paix où s'inscrivent tous les warrants
« délivrés ».

L'explication est ingénieuse ; elle méritait d'être re-
produite, puisqu'elle a donné à son auteur la convic-
tion d'avoir maintenu la loi du 18 juillet 1898 « dans
les limites orthodoxes du nantissement ». Mais elle est
tout à fait spécieuse, et nous croyons avoir démontré,
dans la première partie de cette étude, Ch. III, Sect. II
§ 3, que le gage sans dessaisissement, dont le warrant
agricole n'est qu'une modalité, constitue une véritable
hypothèque mobilière conventionnelle. Il nous reste à
ajouter que cette hypothèque, ayant obtenu un classement de faveur, un rang exceptionnel, est, non pas
une hypothèque ordinaire, mais une hypothèque privilégiée.

Toutefois c'est une hypothèque mobilière. Malgré les
garanties dont elle a été entourée, malgré les précautions prises contre le débiteur pour prévenir les dé-

tournements et les fraudes, les vices inhérents à sa
nature n'ont pas entièrement disparu ; et, sans parler
de la défiance instinctive des cultivateurs à entreprendre une opération inusitée il faut bien reconnaître que
les capitalistes ne s'engageront pas, dans des prêts
de ce genre, aveuglément et sans hésitation.

Aussi la loi de 1898 est-elle loin d'avoir rendu les
services qu'on attendait d'elle. Après le Ministre de
l'agriculture, qui avait assuré au Sénat qu'elle allait
« être d'une utilité très grande, cette année, en pré-
« sence d'une récolte abondante », M. Laubry (1) avait
insisté pour le vote immédiat et sans modification,
par ce motif que les populations rurales attendaient
avec impatience, et qu'aucune année plus favorable que
l'année 1898 ne se présenterait « pour faire entrer une
« loi de cette importance, une loi aussi nouvelle dans
« les mœurs de nos campagnes », et « pour apprécier
« immédiatemment les effets de son application ». Or,
pendant l'année qui a suivi la promulgation de la loi,
l'usage des warrants agricoles semble avoir été peu
répandu. Il a été insignifiant dans la région, qui constitue
le ressort de la Cour d'appel de Riom, et au sujet de
laquelle nous avons pu recueillir quelques renseignements : pour quatre départements, qui la composent
et il n'a été établi que trente warrants agricoles, d'une
valeur variant entre 150 et 1100 francs. Ce résultat,

1. *Journ. off.* du 9 juillet 1898, p. 789 et 791.

tout en montrant que les warrants agricoles ont surtout servi aux petits cultivateurs, est loin de répondre aux illusions de quelques-uns.

Il ne faut cependant pas mettre trop de hâte à condamner la loi du 18 juillet 1898. Son sort dépend beaucoup de celui réservé aux institutions de crédit agricole : si des sociétés, organisées soit par les membres des syndicats agricoles conformément à la loi du 5 novembre 1894, soit par l'initiative privée suivant le type des caisses rurales allemandes et italiennes, fort heureusement imité par M. Durand, se fondaient dans un grand nombre de communes, s'étendaient et se multipliaient, elles trouveraient dans les warrants agricoles une ressource sérieuse, un élément de sécurité, relative mais appréciable. En notre matière, la valeur du gage participe dans une large mesure de la valeur personnelle du débiteur, de sa probité, de ses qualités morales. Dès l'instant où les administrateurs d'une association locale connaîtraient eux-mêmes l'emprunteur, dès l'instant où ils vérifieraient directement la quantité et la qualité des récoltes warrantées, dès l'instant où ils exerceraient sur les actes de leur débiteur un contrôle pour ainsi dire journalier, le warrant agricole apparaîtrait moins incertain, moins instable ; il pourrait devenir, pour les sociétés, une source d'opérations importantes et de tout repos, pour les agriculteurs un instrument de crédit moins imparfait et moins suspect.

C'est ainsi que les lois du 5 novembre 1894 et du

18 juillet 1898, en se combinant, se complétant, se fortifiant l'une l'autre, réussiraient à donner une base pratique au Crédit agricole, et à l'installer peu à peu dans le domaine de la réalité.

Mais cela suppose que l'idée d'association mutuelle et solidaire sera répandue, acceptée et accueillie en France avec la même faveur qu'elle a obtenue dans certains pays étrangers. C'est malheureusement là chose douteuse encore et fort incertaine. M. Blondel, dans son remarquable ouvrage sur les populations rurales de l'Allemagne (1) nous en fait connaître les principaux motifs : « Il serait dangereux de déduire « de ce qui se passe en Allemagne, ce qui doit se pas- « ser en France. Le paysan allemand n'a pas comme « le nôtre l'instinct de l'économie, il n'aime pas à rem- « plir comme nos campagnards le traditionnel bas de « laine ; par contre il n'a pas la répulsion constatée « maintes fois en France du paysan pour les institutions « de crédit. Enfin il conserve le goût de l'association « que le Français semble avoir perdu ».

C'est là justement la pierre d'achoppement de toutes les lois sur l'association. Le Français est individualiste, il ne veut point se grouper, et dans les campagnes ce sentiment est encore plus vivace que dans les centres populeux. Trop fréquemment aussi la méfiance et la jalousie divisent les habitants d'un village qui se

1. Blondel. *Les populations rurales de l'Allemagne et la Crise agraire*, p. 315.

soucient peu de se venir réciproquement en aide.
Enfin nos cultivateurs après avoir été trompés par
bien des banques interlopes, des courtiers véreux et
des établissements de toutes sortes se refusent de parti
pris et par principe à écouter toutes les propositions
financières, si sérieuses et si désintéressées qu'elles
paraissent.

Cependant, comme le dit M. Blondel, il y a chez eux
un sentiment très développé, celui de l'économie. Par
ce côté on pourrait agir et probablement réussir. Il fau-
drait en faisant fonctionner une association en quelque sorte sous leurs yeux, leur montrer par des exem-
ples, par des chiffres, par des résultats matériels, quel
surcroît dans les bénéfices, quelle diminution dans les
pertes quelles ressources de toute nature produirait
leur union, s'ils acceptaient les principes de la solidarité et de la mutualité.

Mais pour bien faire comprendre cela aux cultivateurs, il faut des apôtres zélés.

« Le grand bonheur des associations allemandes dit
« M. Blondel (1) est d'avoir été guidées par des chefs
« d'une sagesse et d'une hauteur de vue admirables ;
« ils ont pu gagner la confiance d'hommes à l'esprit
« lourd, au bon sens solide ».

C'est encore croyons-nous ce qui fait un peu défaut
en France. Les hommes généreux et dévoués n'y manquent certainement pas. Il y a des comités nombreux,

1. Blondel. *Op. cit.* p. 296.

souvent influents, mais peu de gens osent affronter les responsabilités de l'action. La tâche est lourde, en effet, et ne saurait être exempte de déceptions. Il serait donc à souhaiter que chacun, selon ses moyens, prît part à cettte propagande en faveur de l'association puisque celle-ci paraît être seule capable d'apporter un remède à la crise agricole. Il appartient aux propriétaires les plus intelligents, les plus instruits, les plus écoutés, de prendre l'initiative de ce mouvement fédératif, de convaincre les plus craintifs et les plus modestes et de les attirer à leur suite. C'est seulement lorsque le terrain aura été ainsi préparé que l'œuvre du législateur pourra porter tous ses fruits.

JUSTICE DE PAIX D....
DÉPARTEMENT D.......

N°

WARRANT AGRICOLE
(Loi du 18 juillet 1898)

(1) Emprunteur. { Nom.....
Prénoms.
Domicile..
Qualité..

(2) Mont. des sommes à empr.

(3) Produits war- { Nature...
rantés. Valeur...
Quantité..
Situation.

(4) Nom et adresse du propriétaire, de l'usufruitier ou de leur mandataire légal..
Et date à laquelle l'avis d'emprunt lui a été envoyé.
Date de la réception du consentement du propriétaire, de l'usufruitier ou de leur mandataire légal ; ou mention de l'absence d'opposition dans les douze jours de l'envoi de l'avis............
Mention de l'assur. ou de la non-ass. du produit warr.
(5) Nom et adr. de l'assureur.

A............le................19——

Le greffier de la justice de paix,

Date de remboursement de l'emprunt et radiation de l'inscription.

Warrant agricole. — Loi du 18 juillet 1898.

N°

JUSTICE DE PAIX D. . . . .
DÉPARTEMENT D. . . . . .

WARRANT AGRICOLE
(Loi du 18 juillet 1898).

M (1) ....

a déclaré vouloir emprunter la somme de (2)...............

....

Sur (3) ....

....

M (4) ....

a reçu l'avis prescrit par l'art. 2 de la loi du 18 juillet 1898, il n'a p as formé opposition.

La marchandise qui fait l'objet du présent warrant a été assurée par M (5) ....

....

Timbre de la
justice de paix.

A............le................19——

Le greffier de la Justice de paix,

Transcription des Endossements ultérieurs au warrant.			
Désignation du warrant	Dates de la transcription	Noms et domiciles des cessionnaires

Warrant Agricole. — Loi du 18 juillet 1898

Premier endossement.

Bon pour transfert du présent warrant, à l'ordre de M. . . . .
Demeurant à . . . .
Pour garantie, en capital et intérêts, de la somme de. .
. . . .
Payable le . . . .

      A. . . . . . le. . . . . 19. . .

           Signature

TABLE DES MATIÈRES

INTRODUCTION

Jouve et Boyer, Imprimeurs, 15, rue Racine, Paris.